微风无限

——微时代娱乐景观管窥

WEIFENG WUXIAN

@刘彤　于宁　著

重庆大学出版社

图书在版编目(CIP)数据

微风无限:微时代娱乐景观管窥/刘彤,于宁著.
—重庆:重庆大学出版社,2013.12
(“微时代漫步”系列丛书)
ISBN 978-7-5624-7947-5

Ⅰ.①微… Ⅱ.①刘…②于… Ⅲ.①互连网络—传
播媒介—研究 Ⅳ.①G206.2

中国版本图书馆 CIP 数据核字(2014)第 001465 号

微风无限
——微时代娱乐景观管窥
刘 彤 于 宁 著
策划编辑:贾 曼
责任编辑:向文平 版式设计:周 娟 廖明媛
责任校对:谢 芳 责任印制:赵 晟
*
重庆大学出版社出版发行
出版人:邓晓益
社址:重庆市沙坪坝区大学城西路 21 号
邮编:401331
电话:(023) 88617190 88617185(中小学)
传真:(023) 88617186 88617166
网址:http://www.cqup.com.cn
邮箱:fxk@cqup.com.cn (营销中心)
全国新华书店经销
重庆川外印务有限公司印刷
*
开本:700×1000 1/16 印张:12.25 字数:182 千
2013 年 12 月第 1 版 2013 年 12 月第 1 次印刷
印数:1—3 000
ISBN 978-7-5624-7947-5 定价:25.80 元

目 录 *Mu lu*

绪言　世界微距离

——从“大时代”到“微时代”

在《新周刊》主办的“2012 年度汉字”评选中，“微”字脱颖而出，当选为“年度汉字”。而近年来，这个“微”字已被越来越多的人用以描述和定义我们所处的这个时代。

那么，如何理解这个“微”字呢？

“微”，从字面含义上来看，有短、小、低、少之意，可以泛指一切细微渺小的存在和各种微不足道的言行，可谓“无所不包”；但“微”又是世界上所有时态和形态的基本构成单位，可谓“无所不在”；于是，积微成著，原本细微渺小、微不足道的个体却可以汇聚成强大的力量，去创造、构筑、推动、改变整个世界，可谓“无所不能”。

可以说，“微”即群众。

从历史唯物主义的观点来看，人民群众是一切社会物质与精神财富的创造者，始终推动着社会的发展和进步。而“微”无所不包，无所不在，无所不能，涵盖了人民群众中的每一个个体，是群众之情、群众之思、群众之言、群众之行。

“微”虽然包罗万象，但被用来定义一个时代却很新鲜。古往今来，人们对于不同的时代，总有不同的描述——“大时代”“小时代”“微时代”……而人们描述的依据，则是自身在世界中的存在感。

20 年前的 1992 年，香港电视广播有限公司（简称“无线电视”，英文缩写为TVB)播出了25周年台庆剧——《大时代》[1]。这部40集的电视连续剧在播映时可谓万人空巷,至今仍被众多剧迷奉为经典,被誉为“港剧之王”。

剧情始于一位正派人物的兴衰史——该剧的“引子人物”方进新(刘松仁饰)是20世纪60年代末至70年代初的香港股票大亨,一度有“股王”之誉,为人一身正气,事业如日中天;一生梦想着为香港开创繁荣健康的股票市场,却事与愿违,难逃时代巨轮的碾轧。

剧中,作为英国殖民地的香港在1968年仅有一家股票交易市场——完全由英国人操控的香江交易所。方进新等金融界华人代表不满外国人的操控,另立门户,成立了华人证券交易会,“希望人人都玩得起股票,希望有潜质的公司能够上市集资,希望帮助香港的经济”。方进新自信地宣称:“我就是想做这个梦!”

至1973年,香港证券交易所已经进入“五会鼎立”的局面,股票买卖疯狂炙热,也是所谓“鱼翅泡饭”的年代。华人证券交易会里更是贪污敛财成风。方进新用尽浑身解数,意图兴利除弊,却仍难阻挡“股灾”降临。

而整个香港社会的贪污风气达到了最恐怖的地步。黑白两道的大亨软硬兼施,威逼方进新帮他们做内幕交易。方进新无力招架,更被混迹黑社会的损友丁蟹(郑少秋饰)重伤,终至丧命。他的生命在时代的沉沦中奏响了一曲悲情的挽歌。

而剧情又围绕一位反派人物的兴衰史展开——作为该剧的“线索人物”,打死方进新的恶棍丁蟹在1987的香港“股灾”中通过期货交易大发横财,从此鸿运当头、一帆风顺,在股票市场中平步青云、大富大贵。直至1994年,股市出现“大奇迹日”,全日反弹。丁蟹在期货交易中一败涂地,

---

[1]《大时代》是由香港著名导演韦家辉监制的一部香港经典剧集,剧情以香港金融市场为背景,以方、丁两家两代人之间的恩怨情仇为主线,主要演员有刘青云、郑少秋、郭蔼明、周慧敏、蓝洁瑛等,于1992年10月5日至11月27日期间播映。

负债累累。

绝望的丁家五父子跳楼自杀，四个儿子丧命；丁蟹却求死不得，只能苟延残喘。而为丁家父子陪葬的还包括曾为一代“巨贪”的前总华探长、利欲熏心的前华人交易所总裁以及叱咤风云的黑道大毒枭。他们的起落沉浮也好似时代变幻中的一个个“玩笑”。

《易·泰》有云：“无平不陂，无往不复。”正派人物也好，反派人物也罢，他们在这个波谲云诡的“大时代”中，都不幸地“零落成泥碾作尘”，成为了时代巨轮下的悲剧人物。而这种“造化弄人”也由戏内延伸至戏外。此后，每逢香港股市大起大落，坊间总会以“大时代”一词来描述市况；如果股市出现大升或大反弹，则称之为“大奇迹日”；而匪夷所思的“丁蟹效应”[1]也始于该剧。

可以说，《大时代》之所以被称为经典，首先就在于其剧情贯穿了香港30年的社会变迁。20世纪的60年代至90年代，对于香港人而言，正是一个风云变幻的“大时代”；而对于内地人来说，又何尝不是呢？

“大时代”中，社会形态急剧变革，潮起潮落，浪奔浪涌；个体命运随浪浮沉，大起大落，大喜大悲。人们面对的是一个“远距离”的世界，总感觉“世界太大，个体太小”！人们渴求着通过拼搏来跟上时代，依靠奋斗而融入世界，从而获得自身的存在感，却又往往事与愿违。这种若即若离、忽远忽近、时有时无的存在感，使人们对“大时代”既爱且恨、纠结不已。

“你找到自己的世界没有？”——《大时代》中的“股神”叶天（罗乐林饰）曾有此一问。他说：“一个人要成功，就一定要找到自己的世界；只有

---

[1]丁蟹效应，又称“秋官效应”，是香港股票市场的一个奇特现象。香港著名演员郑少秋（昵称“秋官”）在电视剧《大时代》（1992年）中饰演的丁蟹，经常在股票市场的熊市中借着抛空恒生指数期货而获取暴利；正值当时香港股市暴跌，股民损失惨重，因此得名。此后，几乎每次郑少秋参演的影视剧或节目播映时，恒生指数或A股都会出现不同程度的下跌。据不完全统计，该记录已达33次之多。“丁蟹一出，股市就泻”，也成为香港股民的金科玉律。

在自己的世界里，才能把自己的潜能、天分发挥到最高的境界。”

寻觅自己的世界，世人从未止息。

2012年11月，港剧《大时代》热播二十周年之际，青年作家郭敬明执导的电影故事片《小时代》[1]在北京举行盛大的开机发布会。该片故事发生在当代中国最为富贵繁华的大都市——上海，讲述了四位怀有不同价值观的女孩在这个经济迅速发展的时代所经历的有关于友情、爱情、亲情的故事。该片在2013年6月27日开始上映，随即缔造票房佳绩，并引起广泛的社会争议，成为喧嚣一时的文化现象。

对该片的质疑，并非完全集中在其艺术质量上，而是更多地聚焦于其所传达的人生价值观。许多影评人认为，《小时代》中的“友谊、爱情、事业都建立在金钱基础上”。更有影评人在微博上直言不讳地批评：“它的炫富和堆砌达到一种病态的境界。”

在“大时代”中，有钱未必能拥有一切；但在“小时代”中，似乎有钱就能拥有一切。

而“小时代”这一称谓的出现，也着实让许多人眼前一亮。对于世界，人们终于又找到了一种有别于“大时代”的描述。《新周刊》的一位主笔也满怀愿景：“每人都操心自己的‘小时代’，唱好自己的‘独唱团’，‘大时代’的变革就会到来。”

果真如此吗？

在多元时代中，多元价值观必然会有激烈的碰撞，我们绝不可盲目取舍。《深圳特区报》刊发的《谁的小时代，谁的大时代》一文中就写道——

何谓小时代？郭敬明自己是这样解释的，“没有战乱，没有动荡，没有那些动辄扯上‘民族国家’的大风波”。我们现在身处的这个时代确实没

[1]电影故事片《小时代》改编自郭敬明同名小说，由被誉为“台湾偶像剧教母”的柴智屏监制，郭敬明自编自导，杨幂、郭采洁、郭碧婷、谢依霖等主演，分为《折纸时代》《青木时代》两部，分别于2013年6月27日和2013年8月8日上映。

有大动荡没有大风波，但也远远不是安宁和顺的桃花源。我所理解的郭氏小时代，是切割掉个人对时代可能肩负起的责任，以自我为疆界的小世界。他们所有的困惑，所有的挣扎和痛苦，都和时代没有多少关系，只和个人的欲望有关。即使身处风云变幻的大时代，他们同样可以关起门来过自己的小日子。

为什么85后90后的小孩子喜欢郭敬明？因为他们都是小时代的孩子，他们的父兄所经受过的大时代的碾压和震荡，到了他们这一代，早已淡散，只剩下物质的冲击了，郭敬明正正搔到了他们的痒处。[1]

不错，当《小时代》的片名镶嵌在上海的高楼大厦之间、吹响"消费主义"的号角之时，郭敬明确实搔到了许多中国人的痒处。

举目国内——据《2012年摩天城市报告》显示，中国的摩天大楼[2]总数量已超过350座，全球在建的摩天大楼中有87%在中国；今后十年，中国平均每五天就有一座摩天大楼拔地而起；五年后，我国的摩天大楼将超过800座，是目前美国总数的四倍；其中80%将建在经济不发达的内陆地区。

放眼国外——每逢节庆，庞大的中国消费者群体都被国外商家们呼为"天使"：英国商店安装了银联设备来收取"北京磅"、日本百货业争抢中国游客达"白热化"、加拿大房地产市场热火朝天、韩国整容业"旧正"期间生意兴隆……

"只有中国人才能救世界！"面对花钱大方的中国消费者，国外媒体惊叹不已。似乎，许多中国人已然找到了自己的世界——一个充满物质诱惑的世界。

尽管中国在2012年的GDP已达到美国的52.8%，但人均GDP大约只有美国的1/8；瑞士银行集团发布的《价格与收入》报告中的"iPhone指

[1]李青.谁的小时代，谁的大时代[N].深圳特区报，2013-07-03(B03).

[2]根据国际公认标准，高于500英尺即152米的大楼属于摩天大楼。

数”显示，美国纽约居民购买一部16 GB版的iPhone 4S仅需工作27.5小时，而中国北京居民则需工作184个小时，大约是纽约居民的6.7倍；但这些都没有妨碍人们在“消费主义”的“环形跑道”上一路狂奔，日复一日地“原地打转”。

在这个“原地打转”的“小时代”中，人们面对的是一个“近距离”乃至“无距离”的世界，感觉“个体变大，世界变小”。在一个充斥着物质享受的世界中，我们的周遭触手可及，世界自然“变小”。但这种存在感又何其虚空呢？

毕竟，物质世界的充盈并不能弥补精神世界的空虚。正如《人民日报》刊发的《不能无条件纵容小时代2和3的出现》一文中所写——

在中国社会物质文明日益发达的今天，文艺作品对于物质和人的关系的探索是必要的和有价值的，但探索如果仅仅停留在物质创造和物质拥有的层面，把物质本身作为人生追逐的目标，奉消费主义为圭臬，是“小”了时代，窄了格局，矮了思想。……物质主义和消费主义引导社会思潮，小时代、小世界、小格局遮蔽甚至替代大时代、大世界、大格局，个人或者小团体的资本运作或许成功了，但是一个时代的人文建设和传播却失控了。[1]

人们固然不愿在“大时代”中甘受造弄，但也绝不可在“小时代”中自我放逐。生活在世界上的每一个人确实都很渺小，诚如郭敬明所说，仿佛只是无垠宇宙中的“小小星辰”，在“大大的绝望里小小的努力着”。

但是，“大河有水小河满，大河无水小河干”。人们的努力绝不能仅限于操心自己的“小时代”和经营自己的“小世界”，而应负起自己的应尽之责，参与整个世界的构筑。在一片充满希望的田野上，个人的“梦想之花”才能绽放。

《小时代》所引起的争议使更多的人将目光投向正在登上社会舞台的

---

[1]刘琼. 不能无条件纵容小时代2和3的出现[N]. 人民日报，2013-07-15(24).

"90 后"群体。人们早已不约而同地思考着如何向"90 后"的新生代们描述目前所处的这个时代。而"微时代"的称谓适时出现,映入眼帘。

那么,何谓"微时代"呢?

《人民日报》自 2013 年 8 月 1 日起陆续推出了"关注'微时代'的社会心态"系列报道。报道中阐述道——

"什么是微时代?先不管学界究竟怎样定义,单看看我们的生活,当阅读、传播、购物,乃至情感交流都仅仅通过百余字就能够实现,你就会发现,一个时代真的来了。

'微时代'的到来,不仅带来了互联网的新形态、媒体传播的新格局,也让我们每个处于这个时代的人,被裹挟着,潜移默化地改变了生活的方式、思维的方式,以及整个社会的心态。"[1]

应当说,"微时代"起初是一个崭新的传播时代——人类以数字化通信技术为依托,通过各种移动、便捷的新型显示终端,运用文字、图像、视频、音频等多种形式,进行以实时、互动、高效为主要特征的传播活动。

微博、微信、微电影、微阅读、微经济……一系列属于人民群众的"微时代"产物纷纷涌现,使信息的获取和分享变得更加便捷,也培育着人们的"主人翁"意识。

微阅读、微视频的流行,使人们可以随时、随地、随心地漫步"图书馆"或享受"电影梦",进而满足一次"写作欲"、过一把"导演瘾"。而随着微博、微信等应用软件的普及,每个"小人物"都可以平等地与自己心目中的"大人物"展开交流,成为其粉丝,甚至有机会拥有自己的粉丝。

于是,媒体传播开始呈现出新格局,并实实在在地影响我们的世界、丰富我们的生活、活跃我们的思想。千百年来,技术革命一直推动着人类社

---

[1] 刘阳,赵婀娜.深聚焦·关注"微时代"的社会心态 1:"微时代"的欣喜与焦虑[N].人民日报,2013-08-01(17).

会的每一次进步。“微时代”的来临得益于新媒体技术的发展，但又绝不仅仅停留在技术层面上，而是进一步勾勒出一个活力无限、奥妙无穷的社会新形态。

人们仿佛透过一台“显微镜”，看到了一个“微距离”的世界，感觉“大能缩小，小可放大”。“微”成为了这个世界的新标志，也使人们获得了显著而真实的存在感。人们的公民意识也随之日益成熟。

因此，“微时代”最终将蜕变成一个崭新的公民时代，构筑成一个真正属于人民群众的、充满梦想与希望的世界；而其在体量、质量和力量上都将显现出微妙的变化。

首先，从广度上来说，这个“微距离”的世界具有“无微不至、由近及远”的体量。

面对席卷而来的“微时代”，无人能置身其外。信息交流与社交活动的日益便捷，使人们在身份、阶层、地域上的传统界限日渐淡化。个体与个体之间的平等交往日益普及，个体与世界之间的包容关系也日益紧密。此所谓“大能缩小”。

“仁义就是谦让，体统就是忍耐，不与人争才是大德，对家和为兴，对友和为贵，对国和为天。大家携我继续走……”2013 年 2 月 13 日下午，因收集和发布国家领导人行程而备受关注的知名微博“学习粉丝团”以简短的 42 个字宣告回归。

2012 年 11 月 21 日，名不见经传、没有加 V 的“学习粉丝团”发出了第一条微博，当时并未引起太多人的关注。而从 2013 年 2 月开始，该微博因近距离发布国家领导人的出访行踪，其粉丝数一路攀升到 83 万余人。其博主此前一直保持神秘身份；后经外媒报道，是一位本名叫张洪铭的四川人；只是一名以打工为生的肄业大学生，而并非人们猜测的特殊身份。

但博主身份曝光后，“学习粉丝团”却突然宣告离开：“……谢谢各位同门粉丝，也许国民现有认知容不下我们，也许现实环境容不下我们。因学习粉丝团的存在，对他们个人造成困扰，我很自责和遗憾。”

难道现实环境真的容不下他们？此举随即引发了众人的猜测，甚至有网友猜测博主“摊上事了”。所幸的是，“学习粉丝团”仅暂别一天，便再次“发声”宣告回归：“我很好，更没摊上事儿，回来了。”博主还表示，几个网站的微博日后将同步更新。

“欢迎回来！坚持下去！”“学习粉丝团”的回归得到了众多网友的留言力挺，也增强了人们拥抱“微时代”的信心。“微时代”的进一步拓展和深化需要博大的胸襟。

2012 年 3 月 4 日下午，中共中央总书记习近平看望了出席全国政协十二届一次会议的科协、科技界委员，并参加他们的联组讨论。全国政协委员、中科院院士姚檀栋当面背诵了几句在网络上热传的《沁园春·霾》，在现场引发一片笑声。

这首《沁园春·霾》全文如下：

北京风光，千里朦胧，万里尘飘。望四环内外，浓雾莽莽，鸟巢上下，阴霾滔滔，车舞长蛇，烟锁跑道，欲上六环把车飙，需晴日，将车身内外，尽心洗扫。

空气如此糟糕，引无数美女戴口罩，惜一罩掩面，白化妆了，唯露双眼，难判风骚。一代天骄，央视裤衩，只见后座不见腰。尘入肺，有不要命者，还做早操。

显然，这则网络段子狠狠地讽刺了北京的环境状况。姚委员没有当着习总书记的面“歌功颂德”，而是揭了“首善之区”北京的“短”，可谓“哪壶不开提哪壶”。但是，姚委员的“大不敬”并未让现场气氛变得紧张，而是引发了一片轻松的笑声，也进一步引起中央领导和相关部门对雾霾问题的重视。

这个网络段子的诙谐言辞中传达出最直接的民意，从现场的笑声中就可以听出众人的共鸣。向中央决策层直陈人民群众的意见，固然是“两会”代表和委员们的应尽之责。但是，能将民间百姓的心声传播得如此辽远，无疑得益于“微时代”的宽广体量。而习总书记能够开怀地倾听这些“心声”，也体现出“微时代”领导者的博大胸怀。

其次，从密度上来说，这个“微距离”的世界具有“体贴入微、小中见大”的质量。

随着人们在网络空间中的话语权逐渐增大，虚拟世界与现实世界的黏度也越来越高。现实世界中许多被忽略的问题、被遗落的情感，在虚拟世界里都可以得到不同程度的放大。人们得以更清晰地观察社会，更真切地感触世界，更透彻地体悟生活。此所谓“小可放大”。

“老吾老，以及人之老；幼吾幼，以及人之幼。”[1]在信息浩如烟海的网络空间中，能引起强烈共鸣的，往往是这种最质朴、最直接的人类情感。

2013 年 1 月，四川大学的一位大三女生创作了一组名为《世界再大，也要回家》的原创手绘漫画，在网络上广为流传；漫画中描绘了父母对身在远方的女儿的浓浓爱意。这位求学在外的漫画作者深深地体会着父母无处不在的爱，那种种暖意与感动激发了她的创作灵感。众多网友看完这组漫画后，被直接戳中泪点，感叹道：“你跑得越来越快，却没注意到他们越走越慢；你越来越强的同时，他们也越来越老；且行且珍惜。”

2011 年 6 月，网友金云钟在摄影论坛上张贴的一张名为《幸福》的照片，也引起广泛关注。照片中，62 岁的张景和老人穿着环卫工背心，坐在马路边绿化带旁的水泥台上，抱着自己的小孙女；两人满脸堆笑地进行鼻吻。老人布满黝黑皱褶的脸庞如同菊花一般，绽放着欢乐。于时光而言，这是纯粹劳动者的职业痕迹；于生活而言，这皱纹却因个人的幸福而化为最动人的曲线。

这张照片经微博“萌动我心”在 6 月 7 日推送后，短短两天内被转发近

---

[1]此语出自《孟子·梁惠王上》。

8 万次，评论达 1 万余条。有网友在微博上如此评说："总有一种力量温润我们心灵深处。"

同年 11 月，又有一张城市女清洁工带着 3 周岁的儿子上路清扫的照片，在新浪微博上被数百人转发。"同情、感人、无奈、心酸、母子连心……"各种点评纷至沓来。

照片中，那位四十多岁的女清洁工是来自湖北省洪湖市万全镇的曾月英。她在 2006 年与丈夫一起来到浙江温州打工，一起在南门街道从事马路清扫工作。2010 年上半年的一天，一位老乡开玩笑，把她的儿子藏了起来。当时，她以为儿子被人拐走，哭着寻找了一个多小时；丈夫还跑到派出所去报案。

此后，每当她上路清扫，便将一根小绳子的一头扎在自己的手上，将另一头系在儿子的玩具车上，以防儿子走丢。当被问到"为什么不送孩子去上幼儿园"时，曾月英说："谁不曾想呀！可是我们夫妻俩每个月合在一起也只有 2 600 元钱。哪里有钱供孩子上幼儿园？"

"长太息以掩涕兮，哀民生之多艰。"[1]我们的社会有太多的群体和角落需要人们的关爱。著名作家梁晓声在谈到中国现状时说："现在有三个中国，一个是数字中国，高速、高铁、高楼、GDP、国家实力、外汇储备、富豪榜；一个是网络中国，人们发表各种各样的意见，表达郁闷、愤怒、不快乐；另一个是身边的中国，每个人每天过的日子。"

这段话引发了许多人的共鸣。《人民日报》评论称，三个维度的中国，每一个都有其现实映射，它们从不同视角展示了我们脚下这片土地。在大有可为的战略机遇期，13 亿人的中国，比任何时候都需要团结成一个命运共同体。

而日益细微的通信手段和社交渠道进一步推动了社会公众的协作与

[1]此语出自战国屈原的《离骚》。

精神文明的进步。社会公众不仅要抱团取暖,还要"体贴入微"地去关怀每一个个体。唯有如此,我们的世界才能获得精密的质量。

再次,从力度上来说,这个"微距离"的世界具有"积微成著、聚少成多"的力量。

在港剧《大时代》中,善良的方家儿女们遭到黑社会丁氏兄弟的威胁和欺压——他们的住宅屡遭骚扰,家人被暴徒当街殴打、泼洒油漆,甚至遭到无端诬告和羞辱。面对仇人的迫害,方家人只得身着写有控诉黑社会标语的血衣,去当街静坐抗议,以求引起社会关注。

在那个"大时代"中,方家人的声音显得渺小而易逝,行动也显得悲哀而无奈。相较而言,在如今这个"人人都有麦克风"的"自媒体时代",人们的一言一行却可以无限放大,辐射到广泛的公共空间,乃至影响部分公众的思维模式和言行举止。而社会名人与网络意见领袖的力量更是不容小觑。

有网友就总结说:"没有粉丝,你发微博就是日记;有一个粉丝,你发微博就是聊天;有十个粉丝,你发微博就是座谈;有一百个粉丝,你发微博就是发言;有一千个粉丝,你发微博就是讲话;有一万个粉丝,你发微博就是播音。"

2013 年 8 月,揭露美国"棱镜"监听计划的前美国中情局(CIA)雇员爱德华·斯诺登在俄罗斯获得避难"自由"后,第一时间便通过推特发布了一条微博:"我相信是俄罗斯首先探索月球。"

美国早在 40 多年前便宣称登上了月球,但一直存在诸多质疑。而斯诺登的这条微博可谓"一石能激千层浪",随即引发了众多网友对当年美国"阿波罗登月"造假的热议。有媒体据此猜测,斯诺登手中掌握着揭露美国 1969 年登月实为造假的机密文件,并纷纷要求美国出示登月证据。

美国人是否曾登上月球,当然是众说纷纭。但人们都明白,凭一己之力无法撬动"地球";唯有积少成多,才能成云致雨。如今,网络匿名传播的特性，增加了网民的心理安全感，使得公众可以大胆地发出自己的声音。对于社会敏感问题或事件，民间舆论的关注可以迅速汇聚起来，给相关职能部门带来一定程度的压力和监督，从而推进问题或事件的圆满解决。

近年来风生水起的"微博反腐"现象就是其中的典型体现。正如一首《网民颂》所言："咱们网民有力量，一石能激千层浪。道德法律莫逾越，否则天涯无处藏。"这种网络参与和监督已然成为一种可以影响国家政策和社会秩序的力量。

《人民日报》就曾刊文评论称："从刘铁男的落马，到上海招嫖法官被查处，微博举报彰显威力，也引发思考：如果没有网络曝光，这些蛀虫还要潜伏多久？如果监督渠道足够畅通，又何必如此斗智斗勇？网络只能管个案，制度才能管长远。将权力关进制度笼子，让权力在阳光下运行，我们别无选择！"

如此由表及里、见微知著，便可谓人民群众之福音。

总之，"微时代"的进步需要每一位普通公民都承担起自己的社会责任，并行动起来；当这样的行动得到公众认同时，便会有更多的人参与进来；这样积微成著，就能集结成一股推动社会发展的强大动力。而这就是"微动力"，是"微时代"不竭的力量之源。

对于"微时代"之"微"，央视著名主持人白岩松解读说："微是你我，是每一个推动社会进步的微小分子，是每一个被打捞上岸不再沉没的中国声音，是每一个能被看见、能被听见的人。"[1]

是的，在这个"微距离"的世界中，每一个微小的个体都可以自由地发出自己的"微声音"，再以"微声音"实现"微传播"，由"微传播"产生"微动力"；最终，积聚"微动力"，共筑"中国梦"。由此，微不足道的"小人物"同

[1]《"微"当选"年度汉字"》，来源：《乌鲁木齐晚报》，http://www.xinjiangnet.com.cn/wlmqweb/wlmqdzb/b/page_20/201212/t20121217_2984594.shtml。

样可以获得自身的存在感，所发出的微小声音也同样可以体现其价值。

那么，我们构建出的将不再是一个只属于自己的“小时代”，而是一个可以容纳“你、我、他”的“微时代”。它拥有着宽广的体量、精密的质量和不竭的力量，经过我们所有人的积极构筑，定然会焕发出无穷的“正能量”、孕育出美丽的“中国梦”。

第一回　造“微”入妙

——“微家族”世系

2013年6月5日,教育部和国家语言文字工作委员会发布了《2012年中国语言生活状况报告》。报告显示,2012年共有585条新词"诞生",而"微某某"的词语模式继续走红。

如果我们将"微"视作一个姓氏的话,我们会发现,近年来一个规模庞大、族员众多的"微家族"已赫然加入到我们的生活之中,使我们的世界变得更加丰富多彩。

众所周知,家族是以血统关系为基础而形成的社会组织。对于"微家族"而言,"微文化"则是维系关联的血脉、造微入妙的根源。因此,尽管"微家族"子孙繁衍、房头林立,却仍是万流归宗、同气连枝。

本回书让我们沿着"微家族"的世系,溯流穷源,一探究竟!

一、忽如一夜春风来——"微家族"之诞生

"微某某"的词语模式由来已久。微生态学、微环境、微表情、微板块、微流程、微动感、微气象、微天气、微喷灌、微命令、微睡眠、微画雕、微钉镶、微画、微刻……以"微"字起首的传统名词为数不少。因此,"微"可算是一个"古姓",但在以往未成气候。

直至2010年,"微某某"格式的词语开始集体出现。教育部和国家语言文字工作委员会发布的《中国语言生活状况报告》显示,该词语模式的热度从2010年一直持续到2012年,未有减退之势。一时间,以"微"字起首的新名词层出不穷、不胜枚举。中国传媒大学教授侯敏说,一个热词背后就是一个热点事件,热词浓缩了时代,也记录了时代。[1]

就这样,忽如一夜春风来,一个树大根深的"微家族"诞生了,且子子孙孙繁衍不尽,成为"微时代"来临的鲜活标志。微博、微信、微电影、微阅

[1]马海燕.说说"微时代"[J].中国人大,2012(21).

读、微经济、微公益……可谓“微家族”中最为枝繁叶茂的几个“房头”。

微博，是“微型博客”的简称，是一个基于用户关系的信息分享、传播、获取平台。用户可以通过 WEB、WAP 等各种客户端组建个人社区，以 140 字左右的文字更新信息，并实现即时分享。美国的推特（twitter）是最早和最著名的微博。

2009 年 8 月，新浪推出“新浪微博”内测版，成为门户网站中第一家提供微博服务的网站，微博正式进入中文上网主流人群的视野。2009 年的中国微博注册用户只有 800 万，但微博开始成为中国网民上网的主要活动之一。

2010 年堪称中国微博的“勃兴元年”。国内微博迎来了春天，如雨后春笋般涌现。新浪、腾讯、网易、搜狐四大门户网站均开设微博。根据相关公开数据，截至 2010 年 1 月份，该产品在全球已经拥有超过 7 500 万注册用户，增速高达 837.5%。

微博开始成为社交媒体中最为活跃、炙手可热的平台，也彻底改变了媒体信息传播模式。调查发现，80% 以上的用户使用微博进行过信息搜索。微博中诞生的各种热词可以迅速走红网络，微博上的很多热议话题也能迅速成为社会热点。“微博效应”逐渐形成。

2010 年也是微电影的“勃兴元年”。微电影，是“微型电影”的简称，又称“微影”，原是一种“电影短片”。目前多通过新媒体平台进行播映，适合人们在短时休闲状态和移动状态下观赏。一般具有“三微”的特点，即微播映时长（可短至几十秒钟）、微摄制周期（可短至一天之内）、微投资规模（可少至千元以内）。

2010 年，国家广电总局牵头主办的首届中国国际新媒体短片节金鹏奖于当年 5 月在深圳举办。与此同时，各路人马也开始在微电影领域发力：

5 月，台湾导演钮承泽监制的系列微电影《清蜜星体验》在网络首播；

8 月，优酷网与中国电影集团携手打造的系列微电影《11 度青春》开始陆续上线播映；

10 月，香港导演彭浩翔监制的系列微电影《4 夜奇谭》的首部——由周迅主演的《指甲刀人魔》在新浪网首播；

12 月，作为凯迪拉克定制的系列微电影的“头炮”，由吴彦祖主演的《一触即发》登陆央视；

……

短短数年间，微电影从一种草根式作品成长为传媒界的“新宠儿”，受到大众和商家的青睐，年产数万部。

同样是在 2010 年，腾讯公司于该年 10 月开始筹划打造一种为智能手机提供即时通讯服务的免费应用程序。腾讯公司总裁马化腾在产品策划的邮件中确定了这款产品的名称——“微信”。

2011 年 1 月 21 日，微信被正式推出，支持跨通信运营商、跨操作系统平台通过网络快速发送仅需消耗少量网络流量的免费语音短信、视频、图片和文字；同时，也可以使用通过共享流媒体内容的资料和基于位置的社交插件“摇一摇”“漂流瓶”“朋友圈”“公众平台”“语音记事本”等服务插件。

截至 2011 年 4 月底，腾讯微信就获得了四五百万注册用户。而截至 2013 年 1 月，其注册用户量已经突破 3 亿，成为亚洲地区拥有最大用户群体的移动即时通讯软件。

微阅读也在 2010 年更为流行。微阅读，是一种在网络、手机等新媒体上盛行的新兴阅读方式，伴随着短消息、网文、博文及各种短文体的出现而兴起；网帖、微博、手机报、口袋书等都是其代表形式。

其中，“手机阅读”尤为活跃，成为通信行业的热点之一。智能手机的普及更为其流行推波助澜。新浪微博在 2010 年 10 月 27 日推出中国首届微小说大赛，共收到网友来稿 23 万多条，其相关微博的讨论量也达 166

万条。

据 Enfodesk 易观智库的数据显示,2010 年第四季度,中国手机阅读市场活跃用户数达 2.33 亿,环比增长 7.03%,同比增长幅度达 44.60%。而中国图书商报与读书吧发布的报告则指出,2010 年,手机阅读市场的总收入达到 6.1 亿元,同比增长 203%。

……

林林总总,不一而足。这些纷纷涌现的“微家族”成员以新媒体为传播媒介,以短小精练为传播特征,传播的速度更快、范围更广、数量更大、内容更具震撼力、形式更有吸引力。它们以多元的信息和多样的内容将人们的日常生活划分成诸多细小的片段。这些片段异彩纷呈,又在网络化基础上组合成一种以“短、平、快”为特点的“微生活”。每个人的“微生活”拼合起来,便构建出整个“微时代”的样貌。

而在对待“微生活”的态度上,人们也形成了两个截然对立的群体——“爱微族”与“微遁族”。

“爱微族”以年轻人居多。对于他们来说,微博、微信、微电影、微阅读等“微家族”成员如同阳光、空气和水一样,已经成为生活中必不可少的要素,深受钟爱。“微博控”“微信控”堪称其中代表。

控,取自 complex(情结)的前头音,指极度喜欢某种事物的人。所谓“微博控”和“微信控”,则是指对微博、微信极度喜爱的人。

“破羊水了!我要生了!疼死我了!竟然在下班高峰期赶着出来,女儿啊,你真会挑时间!还马上要下暴雨了。”这是一位微博名为“吉云chloe”的准妈妈在即将临盆时发的微博,随即引发了 151 万网友的关注。这位网友们戏称的“淡定妈”就无疑是一位超级“微博控”。

“微博控”们往往夜以继日地上微博,一上就是十多个小时。有些网友每天打开电脑的第一件事就是上微博,每天至少上 1 至 3 次,发 10 条以上;还经常毫无原因地反复打开微博,反复刷新页面。符合这些条件的人其实已经患上了“微博强迫症”。更有甚者，上班上微博，下班也上微博，吃饭玩微博，上厕所也玩微博，从早到晚时刻保持高度兴奋的状态，连休息时间也被微博挤掉。

而“微信控”们总把手机带在身边玩微信；否则就心烦意乱，就会感到不适应；经常下意识地寻找手机，不时查看；还总有“铃声响了”的幻觉。

其实，“微博控”“微信控”们渴望表达、渴望社交，却又漠视现实社交场合中的信息交换和情感交流，反而对网络社会寄予厚望，仿佛一分钟不刷微博就会与时代脱节，一分钟不看微信就会与朋友生疏；甚至将微博、微信的“粉丝”数量视作自己社交能力的体现。

“世界上最遥远的距离，莫过于我们坐在一起，你却在玩手机。”刷微博、发微信、看微电影……当人们逐渐被网络裹挟后，往往忘记了目标，迷失了方向。对此，专家建议，面对庞杂的“微”信息潮，年轻人应该了解自己需要什么，明确生活、家庭、事业所追求的目标，调适自我，使生活逐步走向常态化、有序化。

可以说，“微生活”为“爱微族”带来了无限欣喜，也带来了诸多焦虑。《人民日报》在“关注‘微时代’的社会心态”系列报道中曾分析道——

“一方面，网络世界中泛滥的各种资讯被切割成无数个细小的片段，使得资讯呈现出碎片化、浅表化、情绪化的特点，让完整的表述、逻辑性的思考和客观的判断难以实现；另一方面，每一个在‘微时代’网络世界中呈现的个体也是由无数个碎片拼凑起来的，不论是微博的140个字还是微信中的聊天及‘朋友圈’的状态描述，都经过了带有选择性和情绪化的加工，这使得以微博、微信等为载体的表达和认知只能在重重包装和多次塑造下进行。这种认知和社交上的片面化、模糊化在带来一定‘审美’效应的同时，也在认知和社交心理上带来了强烈的不安全感和不信任感，使得‘微博控’‘微信控’们在心理上长期处于‘居无定所’的漂泊状态、焦虑状态。”[1]

与“爱微族”不同，“微遁族”对“信息密集”和“被动社交”心怀恐惧而选择拒绝，对“微时代”产物充满抵触而选择逃遁。其中一些人拒绝微博，坚持传统表达方式；拒绝微信，固守传统社交渠道；也很少接触微电影、微阅读等。那么，当周围的人都拿着手机“生活在别处”或对网络名人和话题津津乐道时，他们就会产生被边缘化的感觉。

因此，一部分人开始尝试使用微博、微信。以一些微信用户为例，他们或主动、或被动地加入了一些“群”，渴望并享受着由此带来的集体认同感。但他们又害怕被海量的无用信息所困，从来不看群中聊天内容，也不发表任何意见；更担心退群会造成自动边缘化。可谓“食之无味，弃之可惜”。

南京大学广播电视与新媒体系主任周凯认为，“微”现象的流行是现代社会发展的一个折射。在今日中国这样一个经济高速增长、民众压力陡增的社会中，“微时代”让每个个体都有自己有限的生存空间，然而如何才能做到“微而不恶”，也是每个个体需要面对的问题。[2]

如今，“微时代”的扩展已是大势所趋，其产物的普及和流行难以逆转。让人们回归传统的信息获取和社交方式，已然不可能。随着新媒体技术的不断进步，将有越来越多的人步入“微时代”、拥抱“微家族”。对此，人们不可盲目痴迷，也不可一味排斥。而智者当因势而谋，应势而动，顺势而为，积极引导这些“微时代”产物步入正轨；使人们既能满足个体需求，又可获得身心上的自由感和安全感。

---

[1]刘阳，赵婀娜．深聚焦·关注“微时代”的社会心态1：“微时代”的欣喜与焦虑[N]．人民日报，2013-08-01(17)．

[2]马海燕．说说“微时代”[J]．中国人大，2012(21)．

二、千树万树梨花开——“微家族”之族谱

国家编史、地方纂志、家族修谱一直是中华民族的优良传统，也构成了中国史学的三大支柱。清代学者张澍在其《姓氏寻源》中说：“参天之木，必有其根。怀山之水，必有其源。”通过修撰族谱，可以促进整个家族的团结与信任，形成认同感与凝聚力。即使后代子孙漂泊四海，也可凭此问祖寻根。

2013 年 8 月 31 日，国际巨星成龙首次回到位于安徽省芜湖市鸠江区沈港镇房桥村的老家探亲。成龙回乡认祖归宗，一度备受社会关注。成龙的父亲房道龙早年离开沈港镇房桥村，辗转来到香港谋生。而房家自明朝初年迁居沈巷以来，已在此居住繁衍了 600 多年。

根据房家宗亲收藏的《历阳房氏宗谱》记载，房家先祖是唐朝著名宰相房玄龄。这套族谱修成于清嘉庆癸亥年（即公元 1803 年），后经多次修订；而在 1992 年修订族谱时，成龙与其子房祖名的姓名就都已赫然在列。

北宋文学家欧阳修说：“族有谱牒，则人知其所出，知其所出则尊其祖，尊其祖则知爱其身，修身慎行，自不容以不谨矣。”所以，对于“微家族”，我们也可以为其理出一套简明的“族谱”，从而更为清晰地予以认识。列表如下：

<table>
<tr><th colspan="3">“微家族”世系表</th></tr>
<tr><td>传统名词</td><td colspan="2">微环境、微生态学、微表情、微板块、微流程、微动感、微气象、微天气、微喷灌、微命令、微睡眠、微画雕、微钉镶、微画、微刻……</td></tr>
<tr><td rowspan="2">“微时代”新生名词</td><td>微时尚</td><td>微整容、微美容、微园艺、微墅、微轿、微本、微单、微出行、微旅行、微户外、微假期、微彩票、微运动、微夫妻、微餐、微社交、微请客、微送礼、微婚礼、微拼车、微过年、微校圈……</td></tr>
<tr><td>微工作</td><td>微人才、微猎头、微创业、微招聘、微工厂、微创新、微改革……</td></tr>
</table>

续表

“微家族”世系表			
“微时代”新生名词	微学习		微课程、微学术、微留学、微发现……
“微时代”新生名词	微经济		微企业、微产业、微理财、微交易、微贸易、微金融、微收费、微支付、微付费、微图、微消费、微购物、微咨询、微空间、微商铺、微商城、微酒店、微影院、微代购、微商务、微营销、微投注、微农业、微差力……
“微时代”新生名词	微公益		微志愿、微慈善、微支教、微环保、微计划、微捐……
“微时代”新生名词	微娱乐	微传播	微媒体、微电台、微采访、微调查、微策划、微演讲、微听、微小品、微栏目、微音乐、微频道、微广播、微书画、微简历、微声音、微连环画、微动漫、微春晚、微相声、微广告、微出版、微展厅、微展示、微地盘、微门户、微门户网、微投客、微协同、微集分、微问答、微话题……
“微时代”新生名词	微娱乐	微博	微测评、微写作、微拜年、微段子、微名片、微调研、微历史、微求职、微诊室、微代言、微姻缘、微访、微文、微婚、微访谈、微指数、微外交、微家书、微情书、微吧、微币、微工场、微关注、微表白、微心愿、微文明、微橱窗、微直播、微推客、微游族、微情书……
“微时代”新生名词	微娱乐	微信	微信息、微导航、微服务、微贺卡、微相亲、微外卖、微行情……
“微时代”新生名词	微娱乐	微视频	微电影、微故事片、微纪录片、微剧、微剧集、微连续剧、微拍、微剪辑、微剧场、微时间、微剧本……
“微时代”新生名词	微娱乐	微阅读	微语言、微童话、微笔记、微诗体、微新闻、微评论、微语录、微历史、微百科、微文学、微诗、微刊、微帖……
“微时代”新生名词	消极名词		微投诉、微焦虑、微恐怖主义……

“忽如一夜春风来，千树万树梨花开。”[1] 随着“微概念”的普及，“微名词”层出不穷，已然形成“微产业化”的格局。其中，有传统名词，也有新生名词。传统名词大多已在不同的学科领域得到了充分的研究和阐释，偶尔

[1]此诗句出自唐代岑参的《白雪歌送武判官归京》。

在新媒体中引发新关注而已。

例如,“微表情”就是心理学的传统专业术语,指的是人类不到五分之一秒的表情,却通常含有丰富的信息。2009 年热播的美剧《别对我说谎》掀起了研究“微表情”的风潮。网友“蓝色帆船”就总结出剧中对微表情的解释:“单肩耸动、撇嘴表示对所说的话极不自信,眉毛倾斜代表着悲伤,眼眉向上抬表示发问的人知道问题的答案……”

随着大学生毕业招聘季的到来,许多应聘者也开始注意起自己的“微表情”。大学生心理咨询专业委员会发布的《中国大学生面试压力调查》中的一项调查结果显示,有 82% 的参加面试的毕业生会出现各种小动作。拒绝不断抿嘴、拒绝眼光闪烁,应聘者开始有目的地训练自己来展现恰当的“微表情”,以求获得面试官的青睐。[1]

而新生名词基本是在“微时代”来临之际,依托新媒体技术而产生的。例如,“微课程”就是以视频为主要载体,记录教师围绕学科知识点、疑难问题、实验操作、教学环节等进行的教学过程及相关资源的教学活动;以在线学习或移动学习为目的,展示相对独立的语音或视频式的学习片段,具有多样化的表现形式。

在国外,美国新墨西哥州圣胡安学院的高级教学设计师、学院在线服务经理戴维·彭罗斯于 2008 年秋天首创了类似于“微课程”的概念——“知识脉冲”。后来,戴维·彭罗斯被人们戏称为“一分钟教授”。

而在国内,北京历史教师袁腾飞可以说是以“微课程”成名的第一人。2008 年 6 月,袁腾飞在北京精华学校的讲课片段被上传至网络,迅速受到网友追捧。他以幽默犀利、灵活多变的授课语言向学生们讲授历史知识,语言通俗而信息量大,被许多内地网友称为“史上最牛的历史老师”。

就新生名词而言,“微家族”以“微娱乐”为嫡系正支,又分出“微时尚”

---

[1]杨茜,王晶晶.“微文化”的时代正在到来?[N].济南日报,2010-03-09(10).

“微工作”“微学习”“微经济”“微公益”等诸多旁支，从而延展至人们生活的方方面面。它们活跃在社会的各个领域，与人们的不同生活需求相呼应。例如，“微整形”就是近年来新兴的一种“微时尚”。

如今，中国社会已形成一支日益庞大的整容、整形消费大军，并且向低龄化趋势发展。据说，2013 年初开始，“锥子脸”受到“90 后”女大学生的热捧。曾有记者到武汉大学口腔医院采访，发现已预约或接受面部整形手术的大学生明显增多，占整形者总数的一半，以 1990 年后出生的女生为主。该院受访时，一周内几乎每天进行 3 台面部整形手术，多是为女生做“削骨瘦脸”和“削下巴”的手术。

其实，人们热衷于整容、整形，不仅源于人皆有之的“爱美之心”，往往还存在现实的压力。来自武汉协和医院的统计显示，目前整容大军中，大学生占三成。武汉大学的一位三年级男性硕士研究生为了找到一份理想工作，就花费了上万元整容——单眼皮“变”成双眼皮、鼻子也“长”高了……他认为“变脸”后可扫除一切求职障碍。

在此热潮之下，“微整形”乘势而起，引领着“午餐美容”的新风尚。许多大城市的女白领们常利用中午 1 个小时的午休时间，在单位附近的医院做光子美容、激光除皱等“微整形”。于是，形成了一个名为“午美族”的新族群，喊出了“向午休要美丽”的呐喊。

不同于传统整形外科手术，“微整形”通常属于非永久性的疗法，利用高科技的医疗技术，选择方便，不需开刀，又能快速修饰缺点，可以短时间内使人变美、变年轻；还可以评估术后效果，即使不满意，过段时间仍可恢复原样。因此，具有安全、无伤口、恢复期短的优点；往往在周末接受治疗，周一就能带着一张更美更年轻的脸庞迎接新一周。相对于传统手术失败就会造成永久性定型的风险，“微整形”手术往往可以为追求美丽提供更安全的保障。

当然，对于“微整形”一类的“微家族”成员，社会上还存在颇多争议。

但对于"微经济"和"微公益",社会已经普遍持肯定态度。它们分别在物质层面和精神层面上丰富着我们的社会生活。

其实,"微经济"的概念早已有之。但在2013年初的全国"两会"期间,全国人大代表、中国移动广东公司总经理徐龙又总结了新的"微经济"概念。他认为,以微博、微创新、微应用、微产品、微电影、微健身、微旅游等为代表的"微经济",将成为经济转型发展中最为活跃的新生力量。同时,物联网、智能交互等技术的发展也将使"微经济"更易实现。

徐龙分析说,无线宽带和应用经济的发展改变了"微经济"时代的信息流动方式,人们日常生活中碎片化、便捷化、个性化的"微需求"日益增长,微型化、分布式、密集型的"微经济"实体逐步成为承载社会经济发展的有益补充;"微经济"作为新兴的经济形态在社会生活中将发挥越来越重要的作用,产生深远影响;而微博就是典型例证。[1]

具体而言,首先,"微创新"成为决定未来竞争力的关键。在科技高度发达的今天,通过大理论、大发明、大创造来改变世界的几率越来越小,更多的将会是依靠更加精细化、个性化、实用化的"微创新"来满足人们的多样化需求,"微创新"能力将决定未来竞争力。

于是,以"微创新"为龙头,"微营销"模式日渐形成。与传统营销方式相比,"微营销"是一种低成本、高性价比的现代营销手段,主张通过虚拟与现实的互动,整合研发创新、产品促销、市场推广、品牌传播、客户沟通等各环节资源,建立起更"轻"、更高效的营销全链条,达到以小博大、以轻博重的营销效果。

其次,"微创业"成为经济产业的重要组成。凭借网络的无所不在和信息快速透明的传播特性,创意创业、智慧创业逐步取代了汗水创业,成为

---

[1]《人大代表徐龙首提鼓励"微经济"发展智能交互》,来源:新浪科技,http://tech.sina.com.cn/t/2013-03-09/10518128954.shtml#J_Comment_Wrap。

微型团队和企业解除发展束缚，获得更大的发展空间的主要方式。

例如，杭州下沙的几个敢想敢做的大学毕业生就在2011年创建了一家卖飞机的中介网站，并在次年做成了第一笔买卖——卖出了一架罗宾逊R-22二手直升机，价格在200万左右。这也是国内第一架通过网络平台卖出的飞机。

再次，“微生活”成为全新的社会生活方式。随着物联网、智能交互等技术的不断发展，手机屏幕逐渐代替电脑屏幕成为人们获取信息、传递信息、加工信息的主要载体。音乐、阅读、资讯、健康、文化等各种生活娱乐内容的创造、传播和获取都将在各种“微应用”“微产品”“微设备”上实现。

而“微支付”也就成为了流行交易方式。这是一种互联网上的小金额支付，如两分钱一章的网络小说、8分钱一本的电子版《剑桥中华人民共和国史》、三五毛钱一篇的学术论文……都可以采用“微支付”。美国市场调查机构 Strategy Analytics 在2009年底发布的虚拟世界战略服务研究报告中预测：未来5年虚拟世界的总收入中，约有86%的份额来自“微交易”。[1]

“微经济”可以创造社会物质财富，“微公益”则可以构建社会精神文明。所谓“微公益”，就是提倡人们从微不足道的公益事情着手，为社会奉献自己的一份“微力量”，最终积少成多，让我们的世界变得更加美好。

怎样才能为公益事业尽自己的一份力呢？人们常感叹：“有心奉献，难得机缘。”2011年的“日本福岛核危机”期间，一位旅居日本大阪的哈尔滨籍华人曾赴中国驻大阪总领馆，请求作为志愿者参加福岛核电站抢修工作。

这位52岁的电气工人说：“在电视中看到福岛核电站50名死士抱着必死的决心，用生命的代价抢修处于极度危险的核电站的事迹，我感到热

[1]杨茜，王晶晶.“微文化”的时代正在到来？[N].济南日报，2010-03-09(10).

血沸腾。……我作为一名在日本的中国人，我也抱定了慷慨赴死的决心。我的老伴也十分理解和支持我的决定，并已经为我整理好工具箱和行李了。”这位先生勇气可嘉，却未能成行。

《人民日报》在一篇时评中曾写道：“相比于危急关头的‘喷发’，平凡生活中围着柴米油盐锱铢必较、围着鸡毛蒜皮唇枪舌剑，人们的崇高感、担当感容易迷失。利益的算计多了，正能量就开始蛰伏。……人们呼唤正能量的到来，却容易忘记，正能量其实一直就在我们每个人心里驻扎。”[1]

其实，热心公益，在于平时。2010 年，美国加利福尼亚州的一位谷歌工程师替一位素未谋面的学生交纳了 5 万美元的保释金，助其回家过圣诞。这位工程师说：“我年少时成长在德国——一个仍然被大屠杀阴影所笼罩的国家。我在那里学到一件事，当好人无所作为，灾难就会不可避免地发生。我自认是个好人，所以当我得知此事后，我认为自己必须采取行动。”

这位谷歌工程师的话道出了些许“微公益”的理念。当然，并非人人都具备这位工程师那样的财力。但普通人持之以恒、积少成多，同样可以为公益事业照亮一方天地。

2010 年 4 月 29 日，美国《时代》周刊公布了“2010 年度全球最具影响力百大人物”名单，中国台湾台东市的 61 岁卖菜老妇陈树菊名列其中。陈树菊以卖菜为生，生活极其简朴。但多年来，她将节省的钱捐助给慈善机构，累计达 32 万美元，用于帮助失学儿童、孤儿院和图书馆。同年，陈树菊还登上了亚洲《福布斯》杂志“亚太慈善英雄人物”排行榜。

2012 年 2 月 3 日晚，央视“感动中国”颁奖典礼向以白方礼为代表的公益人士致敬。自 1986 年起的十多年里，年过七旬的白方礼老人靠蹬三轮车的微薄收入，先后捐款 35 万元人民币，资助了 300 多个大学生的学费

---

[1]杨凯.唤起我们心中的“正能量”[N].人民日报,2013-08-21(5).

与生活费。老人于2005年去世,曾两度入围"感动中国"人物评选,且网络投票进入三甲,虽均落榜,但他却感动了全中国。

如今,"微公益"就为普通人从事公益事业提供了很好的平台。普通百姓虽非亿万富翁,却可以将微小的爱心汇集起来,弘扬温暖的社会美德,形成强大的社会关怀。而倡导"微公益"的组织和活动也日渐增多,并利用各种媒体渠道进行推广宣传。

例如,国际巨星李连杰在2007年发起成立了"壹基金"公益组织,以"尽我所能、人人公益"为愿景,倡导"每人每天一点爱,一家人互相关爱、彼此关怀"的公益互动模式,号召人们在能力可及的范围内通过"小额定期定额"捐赠方式来持续支持公益事业。

2004年,李连杰与家人在马尔代夫度假时,恰逢"印度洋海啸",所幸死里逃生。之后,他便有了创办"壹基金"的想法,号召各界人士每个人每个月捐献1元钱,汇聚起来以救助需要帮助的人。李连杰介绍说,在"汶川地震"期间,"壹基金"在7天时间里就筹得5 000万元人民币;这些钱其实不算太多,但是5 000万人的信任让他觉得非常重要。[1]

2011年7月18日,联想集团以"微公益、做不凡"为主题启动了"微公益"大赛,并通过微博平台向全国青年公开征集"微公益"行动。大赛上对"微公益"的理念做了三点阐述:1. 鼓励大家发掘身边微小的社会需求,并把爱心付诸行动;2. 鼓励大家借助微博等平台,吸引更多人关注身边的公益;3. 贵在行动,贵在人人参与。

这些理念近年来已多有实践。广州网友安猪提出了"多背一公斤"的倡议,号召人们在旅行中献出"一公斤的爱心"。他和热心公益事业的伙伴组成了8人团队,在网络上提供贫困学校的具体信息,让每个热爱旅行

[1]《李连杰联合国演讲　谈创办"壹基金"原因》,来源:中国新闻网,http://www.chinanews.com/yl/2011/08-20/3271352.shtml。

和公益的人都可以在旅途中顺便走访学校、传递物资,并和学校的孩子们进行面对面的交流。网站为近900所乡村学校提供服务信息,每个月会有三四十个由用户自发组织的公益活动。这些“微公益”活动并不宏大,可以简单到只是去邮局为乡村学校的孩子们订一份报纸。

中国科学技术大学研究生于越每周三下午都会到距合肥市区几十公里的肥东县岱山湖希望小学,为那里的学生上两节英语课。他把这些志愿活动看作一种生活——“我不太喜欢把自己做的事情与‘公益’这么大的词联系到一块,顶多算是做点好事,一方面是攒点人品,另一方面从中也获得了很大的快乐”。在他身边,许多同学和朋友也在以各种方式,做着小小的公益活动。中国科学技术大学的学生公益组织“芳草社”登记人数已经超过1万人,他们都在以个人的名义,参与着各式各样的“微公益”活动。[1]

俗话说:“日行一善,积善成德;功满三千,焉无福至?”时至今日,在全社会的热心参与下,“微公益”已成为整个“微家族”中最温暖、最具人情味的组成部分。

南宋文学家胡铨说:“木必有根,根固而叶茂;水必有源,源深而流远。”当我们以“微时尚”装点人生、以“微娱乐”愉悦身心、以“微经济”创造资源、以“微公益”奉献社会之时,一个和谐一体的“微家族”就已然找到了它的成长根源——那就是人们对幸福生活的永恒追求。

三、桐花万里丹山路——“微家族”之血脉

2001年2月25日,新世纪伊始,四川省成都市金沙遗址出土了一件寓意吉祥的宝贵文物——“太阳神鸟金箔”。国家文物局认为,这件文物

[1]杨茜,王晶晶.“微文化”的时代正在到来?[N].济南日报,2010-03-09(10).

是古代人民群众勤劳与智慧的完美结晶，蕴含着追求光明、团结奋进、和谐包容的精神寓意，于2005年8月16日将其定为“中国文化遗产保护标志”。

那么，所谓“太阳神鸟”究竟是何方神物呢？有人认为是神话中的“三足金乌”，而更多的人愿意将其理解为象征吉祥如意的“欲火凤凰”。相传，凤凰乃“百鸟之王”，身怀宇宙，非梧桐不栖，故而生于桐花万里的丹山之上；时逢太平盛世、天下有德，乃有凤凰现世。

“有凤来仪”的2001年，是世界的“世纪元年”，也是中国的“入世元年”。随着中国正式加入世界贸易组织（WTO），对外开放进入新的阶段。中国开始向信息社会迈进，一个孕育中的“微时代”终于初见端倪。

根据中国互联网络信息中心（CNNIC）的统计数据显示，截至2001年7月，中国上网用户人数已达2 650万人；除计算机外，同时使用其他设备（移动终端、信息家电）上网的用户人数也达到107万人。

可见，中国网民群体当时已初具规模，网络事业的健康发展已切实关系到人民群众的福祉。但互联网行业却是“泡沫”四起，其发展仍步履维艰；而互联网用户的合法权益更是亟待维护。

久盼逢甘霖。2001年5月25日，在国家信息产业部的指导下，由国内从事互联网行业的网络运营商、服务提供商、设备制造商、系统集成商以及科研、教育机构等70多家互联网从业者共同发起的“中国互联网协会”正式成立。随后的8月23日，国家信息化领导小组重新组建，由时任国务院总理朱镕基亲任组长。

同年9月7日，作为国家确立信息化重大战略后的第一个行业规划，《信息产业“十五”规划纲要》正式发布，在“战略目标”中阐明：“到2010年，我国开始步入中等发达国家水平，并将初步进入信息社会，全社会信息资源开发利用的深度和广度明显提高，信息服务业快速发展，充分满足社会各方面需求，信息产业将成为国民经济的第一大产业，基本建成具有相当规模的、技术先进的国家信息化体系。”

于是，在国家的倡导与扶持下，中国互联网行业日渐蓬勃。2001年的中国手机用户已达8 600万人。新的短信收费规定在年初出台，又为互联网开拓了“新大陆”。搜狐、新浪等网站正式获得“电信与信息服务业务经营许可证”，得以开展多种增值电信业务。搜狐、新浪分别于1月17日和5月22日正式推出手机短信服务。

也是在同年11月，上海盛大网络发展有限公司代理了韩国大型网络游戏《传奇》，一举扭转了盛大网络的命运，并成为中国网游业发展的转折点。

及至2012年，“太阳神鸟”已正式成为成都市的城市形象标识[1]，而“微”则在《新周刊》主办的评选中当选为“2012年度汉字”。一个孕育成型的“微时代”已经来临。

根据中国互联网络信息中心（CNNIC）第32次调查报告显示，截至2013年6月底，中国网民规模达5.91亿，其中手机网民规模达4.64亿；互联网普及率为44.1%；网民中使用台式电脑上网的人群占比略有下降，使用手机上网的人群占比则提升至78.5%。

当然，网络之利弊，一言难尽。但毋庸置疑的是，自由、平等、开放、共享的网络精神正在加速培育人民群众的公民意识。

古语有云：“防民之口，甚于防川。”[2]面对汹涌而来、泥沙俱下的互联网浪潮，中国政府清醒地认识到“堵不如疏”，一直积极引导和推进网络事业的健康发展，将互联网建设成为人民服务的信息传播平台、舆论宣传阵地和公共文化空间。

---

[1]2011年12月30日，“太阳神鸟”图案成为成都市的城市形象标识，代表永远翱翔的动力，彰显开放包容、活力无限的城市特质。

[2]此语出自《国语·周语上》。

得益于此，一种以人民群众为主体、以网络世界为策源地的“微文化”得以逐步形成和发展，成为滋养整个“微家族”茁壮成长的精神血脉。故此，“微家族”的产物皆非“阳春白雪”，都始终具有与人民群众紧密联系的特征。

我们在本书的绪言中曾概述了这种“微文化”的特性，即“无微不至，由近及远”“体贴入微，小中见大”“积微成著、聚少成多”。而其血脉渊源则可以上溯至中国古代的“民本思想”。

中国的传统文化思想一直深刻影响着中国社会发展的各个领域。在先秦诸子的思想中，孔子曰“杀身成仁”[1]，孟子曰“舍生取义”[2]，老子倡导“少私寡欲”[3]，墨子要求“自苦为极”[4]。而“民本思想”恰恰弥补了东方文化在关怀社会个体方面的不足。

古代的“民本思想”最初发端于商周兴替之际，经历了从“重天敬鬼”到“敬德保民”、再从“重民轻天”到“民贵君轻”的发展历程，一直影响着国家政治制度的发展演进，是中国传统文化中极为宝贵的思想资源。

《尚书·五子之歌》曰：“皇祖有训，民可近，不可下。民惟邦本，本固邦宁。”其意为，人民是国家的根本；统治者要敬民、重民、爱民，认识到民众的力量，自我约束，修善德行，慎重处理民事、国事。

夏商两代，迷信盛行；事无巨细，每事必卜。人们祭祀天地、鬼神、日月、星辰，崇拜“太阳神”。统治者往往漠视人民群众的诉求。暴虐的夏桀就以太阳自比，说：“天之有日，犹吾之有民。日有亡哉？日亡吾乃亡

[1]此语出自《论语·卫灵公》：“志士仁人，无求生以害仁，有杀身以成仁。”

[2]此语出自《孟子·告子上·鱼我所欲也》：“生，亦我所欲也，义，亦我所欲也。二者不可得兼，舍生而取义者也。”

[3]此语出自《老子·十九章》：“见素抱朴，少私寡欲，绝学无忧。”

[4]此语出自《庄子·杂篇·天下》：“使后世之墨者，多以裘褐为衣，以屐蹻为服，日夜不休，以自苦为极。”

矣。”[1]无道的商纣则说:“呜呼!我生不有命在天?”[2]正因商纣无道,方有周文王“凤鸣岐山”,才得周武王“吊民伐罪”[3]。

“凤鸣岐山”自古以来被人们视为王朝昌盛、家族兴旺之兆。《国语·周语上》记载,周朝兴起之时,有吉祥的凤凰来到周王室的发源地——岐山之上栖息鸣叫。人们认为,周文王体恤百姓、广施德政,因而“有凤来仪”,乃是预示周室兴盛的吉兆。西周晚期的《诗经·大雅·卷阿》曰:“凤凰于飞,翙翙其羽,亦傅于天。蔼蔼王多吉人,维君子命,媚于庶人。”

由此可见,当时“凤鸣岐山”的吉兆,昭示的其实是怀有“民本思想”的周文王、周武王等周朝统治者深得民心的情势。人们希望自己心目中瑞鸟——凤凰,能为众望所归的政治力量带去祥瑞之兆,传递出人们对太平昌盛、安居乐业的期盼。所谓“有凤来仪”,显现的其实是民心的归附。

自古以来,得民心者得天下。商王成汤和周武王姬发因为得到民心的支持,才得以推翻暴君、位列“三王”。《孟子·滕文公下》曰:“诛其罪,吊其民,如时雨降,民大悦。”时至西周初年,统治者明确提出了“民之所欲,天必从之”,“天视自我民视,天听自我民听”;既而提出“皇天无亲,唯德是辅”,“敬德”才可以“保民”。自此开启了“民本思想”的先河。

春秋战国时期,“民本思想”又得到进一步发展。一些君主和大臣认识到“政之所兴,在顺民心,政之所废,在逆民心”。“田氏代齐”[4]的重要手段就是收买人心——大斗出货,小斗收进,结果“得齐民心”,“民众归之如流水”。孔子提出了“节用而爱人,使民以时”的仁爱思想;孟子则将其发展为“民为贵,社稷次之,君为轻”的仁政思想,告诫统治者“爱民”“利民”、轻刑薄赋、听政于民、与民同乐。这标志着“民本思想”正式形成。

---

[1]此语出自《尚书大传·殷传》。

[2]此语出自《尚书·西伯戡黎》。

[3]吊民伐罪:慰问受苦的人民群众,讨伐有罪的统治者。《千字文》曰:“吊民伐罪,周发殷汤。”

[4]田氏代齐,指战国初年齐国田氏取代姜氏成为齐国统治者。

西汉时期，贾谊根据“黄老思想”的指导，结合儒家思想，提出了“夫民者，万世之本，不可欺”，“自古而至于今，与民为仇者，有迟有速，而民必胜之矣”；[1] 进一步阐述了“民本”对于国家兴衰的重要性。唐太宗李世民则将“重民”视为治国的根本大计，告诫后人：“舟所以比人君，水所以比黎庶，水能载舟，亦能覆舟。”故此，方有汉唐之盛。

宋元时期，民族矛盾上升为主要社会矛盾，社会环境内忧外患。程朱理学大力提倡“明天理，灭人欲”的禁欲主义思想，将人民的正常需求压迫到了最低限度，以适应动荡不安的社会统治。因此，程朱理学受到统治阶级的大力颂扬。

明末清初，阶级斗争日趋激烈，新的生产关系因素也随之产生，古代“民本思想”又得到极大发展。以黄宗羲、顾炎武、王夫之为代表的思想家对君主专制独裁进行了深刻的揭露和批判，指责君主制度是“天下之大害”，反对君主把天下当作私产，提出“天下为主，君为客”，君的责任就在于“以天下万民为事”。这些社会政治思想可以视作是早期民主思想的启蒙。

而“民本思想”传承至现当代的革命建设时期，则被以毛泽东为代表的中国共产党人创造性地发展为“群众路线”。中国共产党在长期的革命斗争中逐渐形成了“一切为了群众、一切依靠群众和从群众中来、到群众中去”的群众路线，并将之作为党的根本工作路线。

近代的“群众路线”来自马克思主义经典作家的群众观。在国际共产主义运动史上，马克思主义经典作家非常重视党同人民群众的关系问题，重视做好群众工作。马克思、恩格斯、列宁提出的一系列关于党和人民群众关系的理论观点，构成了马克思主义群众观的基本内容。

1929 年 9 月，由陈毅起草、经周恩来审定的《中央给红四军前委的指

---

[1]此语出自西汉贾谊的《新书·大政》。

示信》中,“群众路线”这一概念被正式提出。1929 年 12 月,毛泽东在著名的古田会议决议中指出:党的工作要“在党的讨论和决议之后,再经过群众路线去执行”。

抗日战争时期,党的群众路线的基本内容开始不断完善和成熟。1943 年 6 月,毛泽东在为中央起草的《关于领导方法的若干问题》一文中,从辩证唯物主义认识论的高度,对党的群众路线的工作方法进行了精辟概括。

毛泽东指出:“在我党的一切实际工作中,凡属正确的领导,必须是从群众中来,到群众中去。这就是说,将群众的意见(分散的无系统的意见)集中起来(经过研究,化为集中的系统的意见),又到群众中去做宣传解释,化为群众的意见,使群众坚持下去,见之于行动,并在群众行动中考验这些意见是否正确。然后再从群众中集中起来,再到群众中坚持下去。如此无限循环,一次比一次更正确、更生动、更丰富。这就是马克思主义的认识论。”

毛泽东在《论联合政府》一文中还进一步阐述了党的群众路线的核心内容,他指出:“我们共产党人区别于其他政党的又一个显著的标志,就是和最广大的人民群众取得最密切的联系。全心全意地为人民服务,一刻也不脱离群众;一切从人民的利益出发,而不是从个人或小集团的利益出发;向人民负责和向党的领导机关负责的一致性;这些就是我们的出发点。”

毛泽东还从党的根本性质和宗旨出发,提出把“和最广大的人民群众取得最密切的联系”作为党的三大优良作风之一。这就使党对群众路线的认识进一步提高到了一个新的高度。党的“七大”通过的新党章,第一次明确规定了党的群众观点和群众路线的基本内容和基本要求。

1981 年,党的十一届六中全会通过的中共中央《关于建国以来党的若干历史问题的决议》第一次把群众路线确定为毛泽东思想三个“活的灵魂”之一,并将党的群众路线的基本内容概括为“一切为了群众,一切依靠群众,从群众中来,到群众中去”。

时至今日,“以人为本”的“民本思想”已被积极运用到社会主义和谐社会的建设之中。党的群众路线在新世纪的新形势下更需发扬光大。中国政府积极引导和推进网络事业的健康发展,也正是为了在媒体传播的新格局中开辟一条“网络群众路线”。

进入信息社会后,网络日益成为传递各种社情民意的新平台、表达多种利益诉求的集散地,逐渐发挥出畅通民意、表达诉求、舆论监督、参政议政的作用。党的群众工作,要正视网民诉求,通过网络渠道来倾听民声,问政于民,问需于民,问计于民,问策于民。

如今,网络已成为施政、问政的新渠道。中央领导人多次与网民们在线交流,许多人大代表和政协委员通过微博征集民意,一些公务人员的微博已有百万粉丝。各级政府部门也纷纷加强网络政务工作,将开通政务微博作为信息公开的重要手段。

如今,政务类微博已覆盖全国34个省级行政区域,能够及时传递官方信息,回应民众关切,成为信息发布、解疑释惑的便捷渠道。诸如“平安北京”“广州公安”“深圳公安”“南京发布”等,都已成为当地的“城市名片”。

2013年6月18日,由中央党的群众路线教育实践活动领导小组办公室主办、人民网承办的党的群众路线教育实践活动官方网站——“群众路线网”开通,成为群众路线教育实践活动中信息交流的重要平台和群众参与的重要载体。

国防大学教授公方彬认为,微博的普及满足了现代民众所看重的表达权和知情权;政府以积极的心态拥抱网络值得肯定,但官员如何在网络世界里学会对民众说话,而不是迫切地想引导、规范网民的言行,势必是个漫长的过程。[1]

如果说,传统的“民本思想”为“微文化”的形成灌注了精神血脉;那

[1]马海燕.说说“微时代”[J].中国人大,2012(21).

么，党的群众路线则为“微文化”的发扬光大提供了基础和保障。丹山路上，桐花万里；众望所归，有凤来仪。得此庇佑，“微时代”之路必将更加宽阔广远，在吉祥之鸟的引领下，最终步入一个“追求光明、团结奋进、和谐包容”的社会主义和谐社会。

四、雏凤清于老凤声——“微家族”之声望

2012年的中秋、国庆双节期间，中央电视台推出了《走基层·百姓心声》调查节目。央视记者们深入基层，对几千名从事不同行业的人进行采访，所提问题是——“你幸福吗？”一时间，形形色色的有趣回答蹿红网络，使“幸福”一词成为年度媒体热词，也引发了中国人对于“幸福感”的思考。

那么，何为“幸福”呢？

“幸福，不是长生不老，不是大鱼大肉，不是权倾朝野。幸福是每一个微小的生活愿望达成。当你想吃的时候有得吃，想被爱的时候有人来爱你。”

这是美国皮克斯动画工作室制作的电影动画片《飞屋环游记》中的经典台词，很好地诠释了普通群众对于“幸福感”的理解。因此，谁能让“每一个微小的生活愿望”得以达成，谁就能具有万众拥护、一呼百应的声望。

而“微时代”正是这样一个幸福感暴增的时代。数字技术、信息技术的飞速发展缔造了新一轮的技术革命，使人类的传播活动大踏步地向前迈进，并进一步颠覆了传统的大众传播模式：数字化技术的对象将是一个个身份清晰、个性鲜明的个人，而不再是匀质的、无差别的传统概念中的大众；社会成员信息需求的多样化导致了信息产品的多样化，同时也促使信息产品形态以及服务方式的改变；传统媒体的机制和功能将发生变革，原来的宣传平台将演变为公共话语平台，传统意义上的权威媒体将成为信息

内容的制作商和提供商。[1]

于是，世界的传媒生态也在潜移默化中提升至新境界。以英国广播公司(BBC)为代表的西方主流媒体早已大举进军新媒体领域。而中国的传统主流媒体也在利用新媒介手段来形成新的发力点。

例如，中央电视台自2011年起开始举办“网络春晚”，每年亮相中国网络电视台；“人民日报微博”最先爆料的“湖南‘上访妈妈’唐慧被劳教”一事，在社会上引起巨大反响；“新华社中国网事微博”三问“殴打空姐案”真相，最终推动了事件的解决。

“桐花万里丹山路，雏凤清于老凤声。”[2]“微家族”得益于此，而声望日隆，其成员们众望所归地成为人们生活中的“新宠儿”。人们在与“微家族”的共同生活中收获颇丰，大致可以总结为如下四点：

第一，了解世界资讯，开阔眼界见识。

“朝鲜电影哭哭笑笑，罗马尼亚电影搂搂抱抱，越南电影飞机大炮，中国电影新闻简报。”这是在20世纪60年代的中国广泛流传的一个顺口溜。其中提到的“新闻简报”是早年中国电影院在放映电影故事片之前添加的“贴片”，曾经陪伴着众多中国人走过了近半个世纪的历程。[3]

在电视机进入中国家庭之前，电影院和大银幕是极为广泛而有效的大众化传播渠道和载体。《新闻简报》就是当年国人集体收看的“新闻联播”。在漆黑的电影院里，在露天的广场上，生活在“大时代”的人们共同获取同一种画面和声音，从而获取资讯、增长见识。

相较而言，生活在“微时代”的人们已经可以通过个人化的传播渠道

---

[1]林群.理性面对传播的“微时代”[J].青年记者,2010(2).

[2]此诗句出自晚唐诗人李商隐的七言绝句《韩冬郎即席为诗相送》。

[3]《新闻简报》在1949年伴随着新中国的成立一同诞生；它用电影胶片记录和传播新闻，每周一期，每期约十分钟，内容涵盖了政治、领袖、外交、生活、百姓、民生、城市、科教、体育等各个领域；在1978年后改为《祖国新貌》，直至1993年结束。

和载体来获取更为细微的信息，极为便捷地了解世界资讯、开阔眼界见识。

2011年1月18日至21日，时任中国国家主席胡锦涛对美国进行国事访问。美国总统奥巴马于19日晚在白宫举行国宴以欢迎胡锦涛主席到访。

“胡锦涛主席访美吃什么样的大餐？”一时间成为网络上备受关注的热点话题。新华网、中新网等中央媒体纷纷刊文，揭秘美国“国宴”：这次共有225名嘉宾参加国宴，包括美国两位前总统卡特和克林顿，还有影星成龙等多位华裔名人；应中方要求，晚宴以美国菜为主，包括缅因州水煮龙虾、肋眼牛排配脆洋葱、奶油菠菜配土豆、苹果批配香草冰激凌等；现场还有著名乐手演奏爵士乐。

据悉，美国国宴最早起始于1874年，是美国总统给予外国政要最珍贵和最正式的荣誉。办国宴，白宫方面在餐桌布置、颜色搭配、嘉宾表演以及国宴菜谱等方面都煞费苦心。国宴的部分礼仪由美国国务院官员负责，很多重要细节，如贵宾名单、菜肴、餐桌布置等，由美国第一夫人及助手具体操办，每一名白宫女主人都会在国宴上留下自己独特的印记。每次举办国宴时，白宫女主人都会密切关注菜单的安排、餐桌颜色、花的摆放等，以便让到访的外国来宾满意，留下美好回忆。

而胡锦涛主席送给奥巴马总统的“国礼”也备受关注——那是“一幅精美的丝绸刺绣，绣着第一家庭肖像”。据悉，奥巴马的“第一家庭”在其就任总统的第1年，接受了沙特阿拉伯国王阿卜杜拉近19万美元的礼物馈赠；加纳第一夫人米尔斯也很慷慨，她送给米歇尔的名表由18 K金和钻石精心雕琢，价值4.8万美元；日本前首相夫人鸠山幸送给米歇尔9 700美元的珍珠项链；以色列总统佩雷斯送给奥巴马1座铜像，价值8 000美元。通过发达的传媒资讯，人们得以获知丰富的信息，又可以增长见识。

第二，提出热点话题，展开大众讨论。

“郭美美身世没查清，没心情写文案了”“郭美美身世没查清，没心情逛街了”……2011 年 6 月，网络上掀起了针对“炫富女郭美美”的造句接龙游戏。自“郭美美炫富事件”引发关注之后，在众网友的合力搜索之下，关于郭美美身世的各种传言和谜团铺天盖地，将众多网友“弄晕”。有人查到郭美美曾就读湖南涉外经济学院，不过校方表示没有这名学生；不少网友认为郭美美是“一夜暴富”；还有网友分析，郭美美所称的“红十字商会”其实就是“中国商业系统红十字会”，而中国红十字会声明中对“中国商业红十字会”只字未提。

“郭美美事件”的发酵，再次证明了人们网络话语权的增大。这势必使各级部门更加高效、开放、透明。在巨大的舆论压力下，中国红十字会常务副会长赵白鸽表示：“‘郭美美’‘捐你妹’等事件是红会改革的推动力。”赵白鸽认为：“在这个信息高度发达的世界，人人都是记者，人人都是发言人，所以想要隐藏也不可能。关键是如何用开放的、真诚的、负责任的态度把事实告诉老百姓，这需要很大的勇气，而且需要有很高的能力。”

当然，“微时代”的热点话题并非一片灰暗，其中不乏谐趣。人们已经习惯于对生活进行睿智、幽默的调侃，而且往往引发共鸣。

2012 年 10 月，一篇题为《老外吐槽娶中国老婆的下场》的博文被反复转载，其中对国人充满无奈和喜感的描述引发广泛争议。文章作者采访了多位娶中国太太的老外后写出此文。文中提到“娶中国太太等于娶她全家”“没有隐私”“啥都敢吃”“别跟中国太太吵架”“把自己孩子逼到死”等，似乎道出了一些实情，又使众多网友表示无法认同。

许多网友或借此探讨不同文化的和解之路，或由此畅谈家庭生活的相处之法，或因此感悟爱情婚姻的包容之道。其实，这些话题历来都是网络热议的焦点，且看下面这些言谈，比比皆是：

“爱情不是终极究竟的追寻，每一个聪明人都知道孤独的深度和它的好，可我们也许还是想要一个牵手相伴的人、相邀一个心悦诚服的聆听者。千年的修行，为什么他偏偏是你跨不过去的那道坎？这就是爱情，这一生，

总有一个人，老是跟你过不去，你却很想跟他过下去。”——香港言情小说作家张小娴

“自古劝和不劝离，所以你发现中国人的婚姻质量都特别低。我决定成立一个拆弹组，然后发展成婚姻拆迁办。”三联周刊主笔王小峰这样评论婚姻质量。

“人生如麻将。一见钟情是天胡，自由恋爱是地胡，媒妁之言是平胡，勾引别人老公叫抢杠，和别人老公生小孩叫杠上开花，一个情人叫单吊，没有情人叫白板。”——网友以麻将比喻爱情

“夫妻俩过日子要像一双筷子：一是谁也离不开谁；二是什么酸甜苦辣都能一起尝。”——网友

“认识—了解—暗恋—表白—拍拖—约会—挫折—甜蜜—困难—深爱—缠绵—家长—结婚—激情—习惯—儿女—挣钱—烦恼—十年—二十年—三十年—四十年—五十年—皱纹—衰老—苦闷—但身边有你……”——网友谈“幸福的一生”

第三，获取丰富信息，服务工作生活。

如今的网络世界提供了丰富的信息，或推荐新品，或交流经验，对人们的工作和生活多有助益。所涉领域，地下跑的，天上飞的，无所不包。

2012 年 1 月 4 日，微博上的几幅“春运装备”图引来众网友的强势围观，让人拍案叫绝，并立刻掀起了当年春运的第一波“调侃潮”。其中，“让人远离你的春运装备”最令人称绝：那由无数颗尖尖的铆钉组成的平底鞋，有个很霸气的名字——“拒踩铆钉鞋”，一旦踩到必能血溅五步；叫声惊悚的“惨叫鸡”玩具，双手一捏，那撕心裂肺的叫声响彻车厢，过道上连垃圾都不敢待着；还有个特霸气的文身贴纸往身上一粘，方圆 3 尺内立马无人近身，保平安最给力。此外，还有防盗内裤、迷你麻将桌、供电量 720 日的山寨手机、成人尿不湿、蛇皮编织袋、折叠随手凳等。在这些“春运骨灰级装备”中，最深入人心的就是迷你麻将桌，使人们感叹：“长路漫漫，没准能

把车费赢回来!”

2012 年 10 月,奥凯航空新推出的一条航线火了,被多个官方微博转发,网友们戏称这是一条“最令人想哭的航线”。这条新航线“出名”是因为南京到天津原本 1 小时左右的行程,却硬被奥凯在空中画了一个大大的“V”字,带着旅客先到海口转一圈,再到天津,空中行程 7 个多小时。对此,奥凯航空市场部表示,航线确实存在,但不是“坑人”的,“南京到天津的票不卖,我们只售南京到海口、海口到天津的票”。

2013 年 7 月,一本出版于 1989 年的旧书在微博上火了起来,书名叫《怎样征服美丽少女》。这本江湖失传多年的“恋爱秘籍”以图文并茂的形式讲解如何追求女生;全书用 43 个故事,讲述了 43 条“征服”法则,还有姊妹篇《如何征服英俊少男》。网友感叹:“如果能早看到这本书,我的人生得少走多少弯路啊!”

第四,满足个人兴趣,提供休闲娱乐。

曾有这样一则民间故事——清朝名臣和珅、纪晓岚曾一同参与《四库全书》的编纂。和珅当时兼任礼部尚书,纪晓岚时任礼部侍郎。两人一起喝酒时,和珅指着一条狗问:“是狼是狗(侍郎是狗)?”纪晓岚不动声色地回答:“上竖是狗(尚书是狗),垂尾是狼。”

类似这种趣味故事,往往只为博人一笑。但如今,经网络传播的“趣味事件”层出不穷,不仅饶有趣味,还颇多深意。

2012 年 3 月,山东省枣庄市多地突现“狼影”,袭击行人,造成多人死伤。“打狼”行动随即展开。3 月 19 日,当地警方成功捕杀了一只大灰狼。随后的 23 日,枣庄市滕州公安局宣称又活捉了一只白色的 5 岁“母狼”,并送往当地动物园。这只“母狼”是否曾伤过人,尚未可知;但其“是狼是狗”的争议却引发网友的广泛关注。

一位滕州市民在网上看到照片后表示,这只“母狼”其实是他家养的“哈士奇”,名叫 Lady,当天不慎从家中跑出。该市民说,哈士奇是唯一不会狗叫的犬类，他希望将 Lady 早点带回家。面对“是狼是狗”的疑惑，几日以来热衷于“打狼”宣传的滕州公安局、林业局等相关部门集体沉默了。

前往调查的记者发现，这只“母狼”不仅能听懂记者唤狗的声音，还温顺地走到记者的身边，并允许记者用手抚摸其头部。围观的大部分市民都称，与旁边笼子里的狼相比，这只“母狼”体型明显偏小。

一位对宠物狗颇有研究的市民经过细致观察后表示，从外表看，这是一只哈士奇宠物狗。刘先生解释说，哈士奇狗有一个明显的特征，其头上有“三把火”（三个条状的毛色），而这只“母狼”头上有三条白色的毛色完全符合这一特征；而且与狼相比，除体型偏小外，这只“母狼”毛色发红，而滕州当地野生狼的毛色是以“灰”为主的保护色。

3 月 26 日，野生动物学家马金生亲临枣庄滕州动物园现场，对这只“5 岁母狼”进行现场鉴定，判断其确实为“哈士奇”宠物犬。但枣庄市林业局森保站有关负责人表示，到底“是狼是狗”还需要进行 DNA 鉴定。

这件“森林狼与哈士奇”的公案一度成为网友们津津乐道、娱乐调侃的对象——

网友：“有一种人叫临时工，有一种狼叫哈士奇。”

网友：“昨日 NBA，明尼苏达哈士奇队（森林狼）明显士气低迷，主场 86:93 不敌灰熊队，此次失败与中国枣庄有密不可分的关系。”

子曰：“有狼自远方来，不亦捕乎？捕而又捕之，不亦说乎？分不清而不愠，不亦专家乎？”子又曰：“三哈士奇，必有一是狼。择其像者而杀之，其不像而放之。”子还曰：“见狼思捕焉，请自省也。”

如果说，当年的和珅与纪晓岚是以谐音来相互取笑逗乐；那么，今日的“是狼是狗”之争则别有一番讽刺意味。

“微时代”的人们已经习惯在细微之处寻找欢乐。2012 年 2 月，微博网友“破船烂舟”在微博上曝光的一张图片逗乐了网民。卫视频道播报新闻原本是一件严肃的事情，毕竟面对镜头，向全国观众陈述全省乃至全国的大事。但2012年2月5至7日的三天之间，甘肃台的同一位女主播先后更换了任秀娟、玺悦、任玺悦三个名字。这位女主播一天一换、三天连换三个名字的频率，估计也是电视界少见的创举。

这张图片的截屏，不仅笑翻了网友，还在微博上迅速引发热议。兰州论坛官方微博无奈地做出推测："第一天觉得名字太土了，第二天想了个网名准备开微博，第三天觉得还是把姓加上比较好，出名了就把真名改掉。应该是这样……"演员包雪松也搞笑地表示："我强烈要求全国主持人实名制。"

2010年9月，好莱坞巨片《盗梦空间》在中国内地上映后，掀起一股"盗梦热"。微博也成为"盗梦"迷们的第一交流平台，相关微博一度达到了24万条之多。片中对"梦"进行了不少解释和设定：做梦的人只记得梦的中段和末尾，不知是如何进入梦境的；梦中的时间流逝比现实中要慢；多层梦境让时间维度发生变化，容易造成混乱；还有"梦境共享""梦中防御"等理论设定。

这些奇谈妙论使很多观影者意犹未尽。人们纷纷在微博上记录自己每天所做的梦，掀起了一股"分享梦境"的热潮。此外，心理测试界和趣味测试界的影迷们还开发出上百款关于《盗梦空间》的测试——有类似"测测你是《盗梦空间》里的谁?"这样的心理题，也有诸如"输入名字，看看你能熬到梦境的第几层"这样的游戏小测试。影迷们在这些测试中所焕发出的奇妙想象力，也成为趣谈。

《红楼梦》中有一副意味深长的对联——"世事洞明皆学问，人情练达即文章。""微家族"及其成员的出现，使人们得以更自由、更便捷地认识世界、融入世界，为人们的生活带来了无限欣喜，可谓"幸福生活的使者"；也因此广受青睐。毕竟，社会发展日新月异，新兴技术千变万化，但幸福生活却是人们的永恒追求。

五、深入群众民为本——“微家族”之娱乐

“微娱乐”的本质其实是“群众文化”的延伸,核心就是“研究群众喜爱什么”。所谓“群众文化”,是指人们在职业外自我参与、自我娱乐、自我开发的社会性文化,是以人民群众活动为主体,以自娱自教为主导,以满足自身精神生活需要为目的,以文化娱乐活动为主要内容的社会历史现象。中国真正开始使用“群众文化”的概念始于1953年。新中国成立后,党和政府一直提倡发展群众文化事业。

对于媒体从业者而言,如何制造娱乐,一直是个难题。2013年2月,挪威广播公司二台在黄金时段播出了一档很“神”的节目——连续12小时直播一堆柴火从点燃到熄灭的全过程,并伴以专家讲解和配乐。这样一档听起来就很“无聊”的节目却取得了很高的收视率,以至于该机构决定再连续直播一晚上的编织冬衣过程。

我们无意探讨这档超“神”的节目何以在这个遥远的国度取得高收视率,但它却形象地凸显出媒体人在制造娱乐方面的灵感匮乏。如果中国的人民群众只能痴望着一堆柴火来打发时间,那对于中国媒体人而言,将是莫大的耻辱!

其实,人民群众才是最庞大、最智慧的“娱乐制造者”。他们可以通过微小的行动,制造出微小的娱乐,使自己获得减压的满足。这些“微娱乐”可以“小中见大”,也可以“缩大为小”。

“小中见大”可以“制造娱乐”,“缩大为小”同样可以。

中国互联网协会发布的“2013年度中国互联网100强”报告显示,100强企业中以网络娱乐、信息获取、商务交易为主营业务的企业占比超过90%。依托于此,“微娱乐”的理念和实践在整个媒体领域日益推广。

“大肚能容,容天下难容之事;开口便笑,笑世间可笑之人。”这是北京

潭柘寺的一副楹联，在各地供奉弥勒佛的庙宇中常可见到。换个角度来看，这副楹联也体现了“微娱乐”的姿态与肚量。如果将其转赠给“主流娱乐盛宴”的制造者们，倒是很切合人民群众的期望。

先来说“微娱乐”的“低姿态”。2012 年初，著名主持人崔永元缺席了 1 月 8 日举行的中国慈善年会，去主持了一场属于打工者的春节晚会。这场晚会由 50 多名打工者自编自导，在一个简陋的城中村“小剧场”举办，耗时两个半小时。

对此，《工人日报》刊发了《给“崔永元式的选择”一点掌声》一文，文中评论道——

中国慈善年会确实重要，但是对于政府官员和名人明星云集的慈善盛会，少了崔永元一个，年会并不会因此而逊色多少，但是对于一台完全由农民工兄弟自编自导自演的“农民春晚”，有了崔永元做主持人，却会增色不少，会给这些农民工兄弟带去莫大的荣幸和满足。

“崔永元式的选择”，并不仅仅意味着自己所作出的牺牲和在某些方面的舍弃，而是体现了一种悲悯情怀，体现了一种对社会底层群体的关注。他的到来，也许并不能直接给这些农民工带来什么社会福利和命运的改变，但是他肯定可以给农民工带来一种精神上的勉励和抚慰，给他们日常缺乏亮色的生活带来一抹光亮和希望。

当今这个社会，对于社会底层群体、弱势群体而言，最需要的，正是这样的一种“由上而下的目光”。正是鉴于此，我们完全有理由给“崔永元式的选择”一点掌声，并且能够在这种选择面前有所反思，有所警醒。[1]

人们之所以对“崔永元式的选择”报以掌声，就是因为其体现出了深入群众的“低姿态”。对于这种“低姿态”，中国的主流媒体可以多向国外的一些同行们“取经”——他们很擅长用讲笑话的方式来说正经事。

[1]苑广阔.给“崔永元式的选择”一点掌声[N].工人日报,2012-01-16(5).

2012年7月27日，第30届夏季奥运会在伦敦开幕。英国BBC电台两位主播的“英式幽默吐槽体解说”迅速走红网络。英国主播与开幕式上以“憨豆先生”为代表的“幽默客”们可谓遥相呼应。下面摘录几句：

中国：“他们的旗手，太！高！了！中国一直有篮球运动员做旗手的传统。……看，那就是中国队，现场爆发出了雷鸣般的欢呼声。他们好像把厨房搬过来了，我们在北京的时候见识到了。”(此处捎带着调侃了“舌尖上的中国”，既吐槽衣服像西红柿鸡蛋，又吐槽中国代表团强大的饮食后勤。)

冰岛：“冰岛的运动员来了。这次他们那个名字很长的火山没有爆发。所以他们按时来到伦敦了。祝贺他们！”(2010年4月，冰岛埃亚菲亚德拉冰盖冰川附近的一座火山喷发，火山灰导致欧洲各国纷纷关闭机场。)

多米尼加：“接下来是多米尼加队。绝美的岛屿，绝美的国度啊！就像他们自己国歌里唱的一样。可是他们的奥运代表团只有2个人哦。”

朝鲜：“希望我们今晚用对了国旗……”(此前在25日朝鲜与哥伦比亚的女足小组赛中，比赛开始前组委会通过大屏幕介绍双方球员时，错将韩国国旗显示在朝鲜球员的照片旁边。这一失误让朝鲜队震怒，球队一度拒绝参加比赛。)

西班牙：“男足怎么会输给日本的啊？哎哟，对着镜头那位发型真不错！”(西班牙之前在男足小组赛中，以0:1负于日本，爆出冷门。)

瑞士：“快找费德勒！哎哟不对，他明天有比赛，今晚没来。”

蒙古：“他们有世界上最冷的首都，咱还抱怨啥呢？”

利比亚：“战火中的利比亚，祝好运一整年啊亲！”

索马里：“终于战胜海盗闯出来参加奥运会的大盗！”

考克群岛：“他们要是拿金牌了，就会放‘上帝阻击新西兰’，呵呵呵！”

不丹：“世界上最后一个接收到电视信号的国家！”

百慕大：“哪届奥运会都不能没了他们的短裤。”

毛利坦尼亚:“要是拿金牌了,运动员不唱国歌也没事,他们国歌没歌词!”[1]

在国外,以“低姿态”进行媒体传播、制造轻松娱乐的,不仅有媒体人士,还包括官方人士。2013 年 7 月 16 日,俄罗斯 2013 年春季征召义务兵的紧要关头,一则征兵广告红遍网络。视频中一位穿着严肃的“中年大叔”坐在办公桌前,用年轻人喜欢的 RAP 形式说唱了近 3 分钟。他唱道:“士兵的目光令美女沉醉。军队是国家文化。俄军需要的军官和士兵内心是蝙蝠侠,外表是兰博(影片《第一滴血》的主人公)。”

这则广告中的“大叔”可是来头不小,他是俄联邦国防部文化局长古班科夫。为了增强入伍吸引力,俄联邦国防部各级部门绞尽脑汁地大力宣传。这位文化局长亲自上阵拍摄广告,和着重低音的节奏很流利地完成了说唱。

这就是典型的“低姿态”。相声演员郭德纲曾调侃说:“真放肆不在饮酒放荡,假矜持偏要慷慨激昂。”试问,连一向显得严肃古板的俄罗斯官员都开唱了,中国的媒体人还坐得住吗?

再说说“微娱乐”的“大肚量”。在西方社会,“政治娱乐化”是媒体界的普遍现象。媒体人常从政治人物和事件中榨取娱乐元素。例如,美国的脱口秀节目就以寓教于乐的功能著称,让民众从笑话中了解时政。美国民众对政治的冷淡和对政客的失望使得“把娱乐当正经”成为美国媒体的特色。

美国全国广播公司(NBC)的由杰·雷诺主持的《杰·雷诺秀》和由欧·布赖恩主持的《今晚秀》、哥伦比亚广播公司(CBS)的《雷特曼秀》、有线电视频道的《搞笑精汇》都以讽刺、挖苦的方式来谈天下大事,博观众一

[1]《BBC 开幕式“吐槽”走红网络　英式幽默博人一笑》,来源:中国新闻网,http://www.chinanews.com/ty/2012/07-29/4065751.shtml。

笑，形成独特魅力，让工作了一天的美国民众以轻松的心情进入梦乡，在心理上产生减压效果。

“晚间脱口秀”最叫座，原因是美国大众也乐于从笑话中了解国内外大事。有线电视频道《搞笑精汇》的《每日秀》以假新闻为题材，以模仿新闻播报的形式，挖苦政客，是年轻人必看的节目。为了推销自己，政治人物竞相做客脱口秀。每逢选举，晚间脱口秀就成为竞选舞台。前共和党总统候选人麦凯恩曾上过《雷特曼秀》和《今晚秀》，而奥巴马就任总统后两个月便上了《今晚秀》。[1]

2011 年 2 月，美国一家网站登出一幅漫画，嘲讽总统夫人米歇尔的全民减肥运动，将米歇尔描绘成了肥胖的贪吃者。在漫画中，胖乎乎的米歇尔一边狂吃肉饼，一边告诉奥巴马：“通过让餐馆减小餐饮分量和脂肪含量，我正逐步控制美国人的饮食习惯。”她旁边坐着的奥巴马有着一对硕大的耳朵，看起来十分苗条，他一边吃蔬菜沙拉，一边对米歇尔说：“米歇尔，我想竞选连任，你正在做的事会让许多人感到困扰。”米歇尔回应说：“闭嘴，递给我熏肉！”

从 2010 年开始，为了降低美国儿童的肥胖率，米歇尔发动了一场“让我们行动起来”的减肥运动，为此她经常访问学校，发表培养健康饮食习惯的演讲。但很快有人拍到她吃牛肉饼和其他不健康食品的镜头。这引起美国反对派对她的抨击，称她伪善，还谴责她没有资格告诉美国人能吃什么、不能吃什么。

这幅漫画的讽刺很辛辣，而美国社会在“微娱乐”方面的“肚量”也确实很大。在西方社会，被当成娱乐对象的，绝不止奥巴马夫妇。且看下面几位西方领导人的言行，都成为了人们“微娱乐”的素材——

美国总统奥巴马无论发表长篇演说还是简短欢迎词，都喜欢使用演讲

[1] 魏然. 美国政治的娱乐化[N]. 新加坡联合早报，2010-01-21.

提示器，因此得名“提示器总统”。其实，因演讲提示器而闹笑话者大有人在。

2009年3月17日，爱尔兰总理布赖恩·考恩在美国白宫举行的一场晚宴上由于使用演讲提示器不当，竟重新念起美国总统奥巴马几分钟前刚刚发表过的欢迎词。考恩对着演讲提示器念道：“今天，我们首先要欢迎美国坚定的朋友。”他接着读了大约20秒，才发现这番讲话“似曾相识”。他回头看一眼奥巴马，说道：“这是你的演讲词吧！”

考恩随后一边摆弄提示器，一边自言自语：“我怎么就不会用这东西呢？谁说这是傻瓜机来着？”

奥巴马回到讲台继续讲话时，提示器才出现考恩的讲演词。奥巴马显然没有意识到这一点，说道：“首先，我要感谢奥巴马总统！”激起阵阵笑声。

2010年10月，新西兰广电兼移民部长柯尔曼发表了有关政府税收立法的演说，持续10分钟之久。反对党劳工党议员全都一脸狐疑，不知道为何移民部长要过界大谈税收。有议员发现情况不对，试图警告柯尔曼，但他却不为所动。柯尔曼发表完演说后，才发现他念的演讲稿是2008年税务部长邓恩发表过的讲稿。邓恩坦承这是他办公室搞乌龙，并愿承担失误的责任。

2013年7月24日，西班牙发生列车脱轨，造成79人遇难。7月25日，西班牙首相拉霍伊发表哀悼声明，声明最后竟然出现了“对中国甘肃地震致哀”的字样。人们怀疑首相的致辞是复制粘贴过来的。这一乌龙事件成为不少西班牙人的笑谈。

同年8月，拉霍伊首相在议会演讲，多次拿“有人说”来举例证明自己的观点。但在每次引用结束后，他都会在后面加上一句“本段结束”，而且来来回回地念了9次。原来他将演讲稿括号里的标注词“本段结束”也念了出来。人们猜测这篇演讲稿是别人替拉霍伊写的，而且拉霍伊拿到稿子后估计没怎么认真看，就上了演讲台，才会闹出这样的笑话。于是，“本段结束”又成为西班牙网络上的绝对热词。[1]

澳大利亚总理陆克文奉献给澳大利亚民众的笑柄则是他频繁拨刘海的动作。陆克文的这一标志性习惯是每隔一分钟拨一次刘海。而当陆克文到户外参加活动时，其拨头发的频率就增加到令人发指——每十秒一次。但他的头发几乎“不会动”。当他把头发拨过去后，他的刘海会迅速回归原地。“陆克文，不要再拨你的刘海了！”成为推特上的热门话题。一些推特用户甚至给陆克文支招：戴帽子、涂发胶、别发卡……[2]

当然，“微娱乐”必须与庸俗、低俗、媚俗划清界限。“低姿态”不等于“无底线”，“大肚量”也不等于“没取舍”。在这一方面，“盲从”一直是中国媒体从业者的大毛病，而新媒体与传统媒体也总是遥相呼应。

许多娱乐产品在“卖丑”的路上一去不回头。许多选秀节目、相亲节目堪称其中代表。著名音乐人崔健曾感慨道：“选秀节目、相亲节目都在搞狗血和煽情，妈没死说死了，没孤独偏要装孤独。长期让人看到的是没有品质的艺术品，那就是社会出问题了！”

《人民日报海外版》曾评论过台湾娱乐节目：“岛内电视媒体乱象持续经年，与‘腥膻悚动’的内容相比，满目韩剧之类已算是客气。‘除了大量引用网络或观众爆料，更令人诟病的是信息的琐碎化及八卦化，深度报道及调查采访被抛弃，重大国际新闻被挤压到近乎消失……’岛内严肃类报纸对电视

---

[1]西班牙首相演讲大摆乌龙[N].新快报，2013-08-05(A19).

[2]陆克文　不要再拨刘海了！[N].山西晚报，2013-08-09(18).

媒体的批评并不夸张。观众在电视上看到的是一片躁动和扭曲。”[1]

如今,中国内地的许多传统媒体继承了这种“躁动和扭曲”,并加速传染给新媒体。新媒体在促进信息迅速传播、社会公开透明的同时,也成为虚假广告、流言蜚语、色情信息的集散地,甚至助长了“三俗”之风。于是,“微娱乐”中也混入了许多“腥膻悚动”的成分,呈现出鱼龙混杂之势。许多微视频、微阅读通过情色、暴力的元素来吸引观众眼球,产生了严重的负面影响。一些拜金主义、虚荣主义的思想也渗入到微传播之中。

因此,在提倡“微娱乐”的同时,抵制“三俗”倾向,同样不容忽视。2012 年 7 月 9 日,国家广电总局和国家互联网信息办联合下发《关于进一步加强网络剧、微电影等网络视听节目管理的通知》,其初衷也是为了遏制内容低俗、格调低下等不良倾向。归根到底,“微娱乐”还是应当以“正能量”为力量之源。

有这样一则笑话——一位功成名就的大学教授问穷学生:“金钱与智慧,你们选哪样?”学生不假思索地回答:“当然是要金钱!”教授不屑地笑道:“而我会选择智慧。你知道为什么吗?”学生再一次不假思索地说道:“当然,人们都会选择自己缺少的东西,我能理解。”

就如同这位尴尬的“教授”一样,总有一些自作聪明的人平日里轻视群众,却试图去教育群众;其实,他们才是群众眼中最可笑的人。我们的广大媒体人只有深入群众,才有可能理解群众;只有贴近群众,才有可能引导群众。这也是“微娱乐”的真谛。

六、兴利除害扬正气——“微家族”之忧患

自 2012 年起,“正能量”成为一个人气颇高的新词汇。在 2012 年的伦

[1]王昭.台湾电视——够“软”,但欠缺“实力”[N].人民日报海外版,2011-09-27(3).

敦奥运火炬传递期间，很多博主在微博上喊出“点燃正能量，引爆小宇宙”“点燃正能量，运气挡不住”等励志口号。之后，众多网友跟进模仿，使“正能量”迅速成为网络热词。

时至今日，“正能量”一词被广泛地运用于社会的方方面面；无论学习，还是工作，乃至生活，“正能量”的意义无处不在。如果将发展中的社会比喻为行驶中的列车，那就需要能量的驱动。创造和添加“正能量”，可以使列车平稳运行，行驶得更快更远。而创造和添加“负能量”，则会使列车频生故障，乃至驶入歧途。

而一种事物能为社会发展提供“正能量”还是“负能量”，关键还要看人们能否适度地掌控和把握它。如今，“微家族”及其成员已迅速成为人们生活中广泛接触的社会新兴事物，并为人们提供了一系列新鲜的兴趣爱好。对此，是利是弊，其实看法不一。

对于“微家族”的崛起，许多人怀有强烈的忧患感——担忧对微博、微信的过度热衷，反而造成个人与现实社会隔离；担忧微阅读的流行，造成深度阅读的缺失；担忧微电影良莠不齐，传递负面价值观……凡此种种，颇多指摘。

在忧患者眼中，“微家族”的表情上总传递着负面情绪。作为民意舆情的交汇之地，“微家族”所传递出的喜怒哀乐溢于言表。每个人群都会在“微家族”的沃土上开拓出一块领地，以供自己吐露心声、缓解压力。

留英归来的中国媒体人李梓新就为广大中年人群创建了一家名为“中国三明治”的网站。该网站名称源自美国的“三明治一代”，指上有老、下有小的中年人。网站上登载了很多人的故事；尽管职业不同、背景各异，但他们代表了追随内心的价值观并在各种困难和压力下坚持自己的理想的三明治人。

创办人李梓新说：“三十岁上下的中国人，有各种各样的压力。他们夹在现实与理想之间，夹在父母与孩子之间，夹在上司和下属之间，夹在都市与家乡之间,夹在自己与自己的挣扎之间,像极了一只三明治。”

如今的信息传播渠道已经相当通畅,但资讯过多。因此,有趣、短小、轻松、恶搞乃至负面的信息往往更加吸引眼球。或许是因为一些传统媒体惯于“报喜不报忧”,中国的微博平台则一直患有“坏消息综合征”。

尼尔森媒介研究[1]在2010年发布的一份调查报告显示,在整个亚太地区,中国网民最喜欢在网络上发表与产品相关的负面评论;约有62%的中国网民表示,他们更愿意分享负面评论;而全球网民的这一比例则为41%。此后,中国青年报社会调查中心的调查显示,41.3%的中国网民明确表示“认同”尼尔森的这一调查结果。

时至今日,中国网民对“坏消息”的“亲近感”已不再局限于商业消费领域,而似乎扩展到了整个社会生活范畴。人们越来越喜欢通过网络渠道来交流不幸、发泄不满。于是,“好事不出门,坏事传千里”。

2011年底,一篇名为《一个股民的自省:假如当初不炒股……》的文章在网络上再次掀起转发狂潮。继《爸,你不要再去买股票了》之后,又一位因股市而未老先衰的“小媳妇”哭诉道:“假如当初我没有炒股,我的生活质量一定比现在好;假如当初我没有炒股,我们夫妻一定比现在恩爱……”作者一口气说出了7个假如,最后深恶痛绝地总结道:“我不是炒股的料!”

此文引得网友连连跟帖。一时间,各大股吧和论坛里笼罩着愁云惨雾,没有最惨,只有更惨。一位网友的总结陈词颇含哲理:“小钱靠挣,大钱是命,人生如梦。现实些吧,都应该醒悟了,劳动者才是无忧无虑的,劳动最光荣!”

类似言语,有感而发,多有共鸣。但有些言论就显得极为偏激。人们常把那些喜欢在微博上展示自己日常生活中的琐碎细节与情感的网友称

---

[1]尼尔森媒介研究:目前全球最大的市场调查公司,也是历史最为悠久的从事视听率调查的商业公司;1923年成立于美国芝加哥;1999年被荷兰出版集团VNU收购;2004年与AGB集团合并,更名为AGB尼尔森媒介研究。

为“微骚客”。说说家长里短，谈谈物质生活，倒也无碍。可是，不顾他人感受肆意地发泄情绪，就无疑变成了“微疯客”。

2011 年 6 月，继南航机长对网友喷口水“央企你玩不起”、上海吉祥航空员工诅咒乘客被雷劈后，中国招商银行又爆出了“微博门”。招行成都分行科华支行的一名员工在自己的微博上留言，恶毒地咒骂顾客：“这些人真贱，银行开门一天不来，全部等到下班才来，我只能祝福你们出门就被撞死。”此事使招行的公众形象大跌，还引发了一小波“销卡潮”。

2012 年 1 月 25 日，爱国者前员工、2007 年度“快男”选手张恩源在实名认证的微博上大爆粗口，称武汉是“处处随手乱扔东西的污浊之地”，声称：“再见武汉！我是多么讨厌这座全国最大的农村土鳖城市……”该微博引来广大网友的气愤。尽管该条微博随后被作者删除，但爱国者总裁冯军还是在次日发微博表示：“经爱国者高管会紧急电话会议决定，一致同意依法解除与张恩源的劳动合同关系。”

负面情绪的肆意传播会引起人们的不满，而逐渐累积将会影响人们的世界观，最终形成悲观的处世态度。2013 年 7 月，有网友在微博上晒出了新版“丑小鸭”故事，引发热议：原本应该变成美丽天鹅的丑小鸭却成为“烤鸭大餐”。

而雷同的黑暗系童话故事还真不少：黑暗版的“睡美人”中，公主变成了邪恶的复仇女巫；而黑暗版的“灰姑娘”中，灰姑娘遭遇火刑成为了王子的陪葬者。

有媒体记者随机采访了 10 位学龄前儿童家长，其中 8 人表示自己从未注意过“黑暗童话”的存在，但都表示了对此类童话故事的担心。有家长看过“黑暗童话”后表示，故事结局太残忍，自己不会让小孩看。

乐观者每天活在天堂，悲观者每天活在地狱。他们看待世界的角度迥然不同。

例如，谈到如何改变命运，脚踏实地的乐观者会总结出这样十条途径：

“1. 比大多数同事勤奋认真;2. 做好每一件小事;3. 以微笑面对任何命运不公;4. 时间比金钱重要;5. 养成好习惯,习惯决定命运;6. 不断与人性弱点斗争;7. 天才都是有心人;8. 机会无大小,只有时间早晚;永远不嫌弃小机会;9. 等待大机会是痴心妄想;10. 坚持不懈锻炼身体。”

而愤世嫉俗的悲观者却总结了这样十条途径:“1. 国考胜出;2. 傍上大佬;3. 中了头彩;4. 失足走红;5. 混成凤姐;6. 偷税成功;7. 移民美国;8. 娶了富婆;9. 认识黑庄;10. 微博成名。”

如果负面情绪的蔓延,缔造出无数的悲观者;那无疑将是“微家族”的最大忧患。于是,许多人开始唱衰“微家族”:“微博末日”“微电影走向末路”“微阅读失去青睐”等说法一度甚嚣尘上;甚至有极端者将对“微家族”的喜好定位为“恶习”,欲除之而后快。

其实,如何兴利除害,我们应该用一分为二的辩证眼光去看。提及人们的喜好,“酒色财气”堪称代表,自古被称为“人生四戒”,又泛指各种不良嗜好。常言道:“酒是断肠毒药,色是惹祸根苗,财是下山猛虎,气是杀人钢刀。”而这也只是一种极端的看法。

据说宋朝时候,宋神宗赵顼与宰相王安石同游大相国寺,看到寺墙上题有一首《酒色财气诗》,其诗云:

酒色财气四堵墙,人人都在里边藏;

谁能跳出圈外头,不活百岁寿也长。

宋神宗看罢,觉得禅味甚浓,便让王安石和一绝,将“酒色财气”与国民生计联系起来,添上些积极向上的色彩。王安石随即题诗一首,其诗云:

世上无酒不成礼,人间无色路人稀。

民为财富才发奋,国有朝气方生机。

宋神宗深为赞赏,乘兴也和诗一首,其诗云:

酒助礼乐社稷康,色育生灵重纲常;

财足粮丰家国盛,气凝太极定阴阳。

在中国政治经济改革史上，宋神宗和王安石是一对著名的君臣。他们以改革者的眼光，看到了这些百姓喜好中所蕴含的喜庆色彩和勃勃生机，在诗中巧妙地将“酒色财气”与国家社稷、人民生计结合起来，顿时呈现出一派新气象。

古人尚且有此智慧，今人岂可因噎废食？其实，不论何种喜好，如果过度痴迷，都有可能产生危害；但适度而为、因势利导，就可以化害为利。问题的关键还是在于如何掌握好这个“度”。而“度”其实就是“底线”。

那么，“微家族”的“底线”是什么呢？

2013 年 8 月 15 日闭幕的中国互联网大会发出了倡议，全国互联网从业人员、网络名人和广大网民，都应坚守“七条底线”：法律法规底线、社会主义制度底线、国家利益底线、公民合法权益底线、社会公共秩序底线、道德风尚底线和信息真实性底线。

“新华微评”评论道：“互联网让人们获得了超越时空的发布交流便利。但其虚拟性也让不少人失去自我把握，线下线上判若两人，网络言行务求出位，网络情绪观点务求极化。其实，网络现实原是一体，网上言行很快就会照进现实。管好网上的自己，就是为我们共同的现实负责。”

管好自己，关怀大众。在这一方面，我们应当向国外的一些乐观者们学习。有媒体研究表明，西方一些媒体长期热衷报道负面新闻，受众对此日益厌倦。于是，“好消息”网站大受欢迎。2009 年，美国佛罗里达州的 12 岁男孩——马克斯·琼斯觉得媒体上的负面新闻太多，便创办了“今日周末新闻”网站，专门报道令人鼓舞的新闻。该网站的每日浏览量很快达到 5 000 人次。

英国一位资深媒体人士感叹：“世界上好消息多的是。新闻不必全部是恐怖主义、战争和经济衰退。一批新媒体正在争着给读者提供鼓舞人心的报道，这些报道可以让生活更甜蜜。”

怎样才能用最简单的方法迅速找回快乐呢？2011 年，30 岁的加拿大人尼尔帕斯非常抑郁，妻子离他而去，又逢好友自杀。一系列倒霉事儿让他极度绝望。他闷在家里，大哭了一个星期。但哭过之后，他无奈地发现，日子还得过下去。于是，他决心创办一家“开心事”网站，每天写下一件快乐的事，一共坚持 1 000 天，帮大家找到 1 000 个快乐的理由。这家网站在 470 天里就让全世界 1 700 万人从中找回了快乐。

加拿大《环球邮报》从中精选了 30 件最开心的事。它们都是一些生活琐事，也许平时不曾注意；可一经提醒就会觉得，世界瞬间变得如此美好。现摘录如下：

1. 摸摸口袋，竟然发现里面有钱。

2. 成功赶上将要出发的汽车或火车。

3. 别人为你按着电梯门的“开”键，等你进来。

4. 电话响了，你拿起听筒发现正是刚才在想的人。

5. 请别人为你挠背，他一下子挠到了最痒的部位。

6. 突然想起小时候最好的朋友的电话号码。

7. 你打算买的东西降价了。

8. 干净利落地撕下有黏性的价格标签。

9. 衣服上弄了污渍，但轻松洗掉了。

10. 把手指上的刺挑出来了。

11. 倾听烤肉在烤架上发出“嗞嗞”的声音。

12. 一下子将废物扔进了垃圾箱，太准了。

13. 想着今天是星期三，其实是星期五。

14. 和朋友一起聊明星八卦。

15. 把最后一块图案放进拼图里。

16. 从洗衣机里取出的两只袜子刚好是一双。

17. 完美地磕开一个鸡蛋。

18. 收到一封信，地址是手写的。

19. 清空电脑的回收站。

20. 终于解开一个死结。

21. 换了张干净的新床单。

22. 坐飞机时,一大排座位就你一个人。

23. 炎热天气喝下一杯冰水。

24. 下雪后,第一个踩出脚印。

25. 吃妈妈做的炒鸡蛋。

26. 开了半天车,一路都是绿灯。

27. 需要拥抱的时候,得到一个温暖的拥抱。

28. 排队时,你所在的队伍最快。

29. 广告时间换了频道,返回来的时候节目恰好开始。

30. 发现明年生日那天是星期六或星期天。

归结起来,为“微家族”解除忧患,我们每个人都应从自身做起,积极传播“正能量”。2012 年 5 月 22 日凌晨,重庆“的哥”李泽勇奋不顾身地跳进江中,去营救一名素不相识的轻生女子;面对汹涌的江水,他全未顾忌自己刚做过胰腺手术。最终,女子和他都被无情的江水卷走。李泽勇舍己救人的新闻随即在网络上引发新一轮感动,无数网友通过微博和留言“向英雄致敬”。

可见,“微家族”可以成为传递“正能量”的主流渠道。2011 年,大学生刘啸宇用 200 元钱拍摄的一段片长仅为 6 分钟的“微视频”——《天堂午餐》,在短短一个月时间里,竟达到了 400 万次的网络点击量。

《天堂午餐》讲述的是一个年少轻狂的儿子,平时对母亲的辛劳不以为意,甚至对唠叨的母亲发脾气。面对母亲“我什么时候才能吃上你给我做的饭”的期盼,他毫不在意地回答:“妈,等您老了,我天天做给您吃。”而当母亲猝然过世后,追悔莫及的儿子悉心给母亲做了一顿午餐。不少“80后”“90 后”看完“泪崩”,认为这个“儿子”身上有所有“80 后”“90 后”的影子。不少网友认为,应该把自己埋在心底的"孝心"付诸于"孝行"。此类作品,尤当提倡。

生活原本就是细微琐碎的,"微家族"却可以在细微琐碎中提炼出无限妙趣。当我们以积极的心态去引导,"微家族"就可以传递出无限"正能量",使人们得以"微笑着生活"。

正如狄更斯所言:"这是最好的时代,也是最坏的时代。""微时代"的成熟期还远没有到来。随着技术的不断革新,"微家族"还将日益壮大,会有越来越多的人与之亲密接触。如何在满足个体自由的同时,确保"微而不恶",仍是"微时代"的一大考验。

第二回 “微”尘大千
——“微阅读”列传

"微阅读"是"微家族"中最为年长的成员,也是"微时代"的一项重要娱乐景观。这是一种在网络、手机等新媒体上盛行的新兴阅读方式,伴随着短消息、网文、博文及各种短文体的出现而兴起;网帖、微博、手机报、口袋书等都是其代表形式。

不同于"伏案览卷"式的传统阅读,微阅读是一道"见缝插针"式的"快餐",其阅读篇幅一般在千字以内;其中,那些百字左右的文字段落堪称最典型的"微阅读"作品。这些文章虽然篇幅短小,但是往往内容丰富,以高度的概括性包含着巨大的信息量,可谓"书写三千大千世界事,全在微尘中"[1]。

一、忙中开卷可休闲——"微阅读"之流行

中国人历来提倡"开卷有益",所谓"万般皆下品,唯有读书高"。据全国国民阅读调查显示,68.8%的国民认为,当今社会阅读对于个人的生存和发展来说"非常重要"或"比较重要"。[2]但是,提及国人的阅读现状,各方人士又常怀忧惧。

根据中国新闻出版研究院发布的"第十次全国国民阅读调查结果"显示,2012年中国18~70周岁国民的人均纸质图书阅读量仅为4.39本,其中还有相当一部分是教材、教辅类书籍。而根据联合国教科文组织的调查显示,在全世界年人均阅读量排名中,犹太人以64本位居首位,日本为40本,法国为20本,韩国为11本……

4.39本与64本,对比这组数据,差距之大令人咋舌!对此,中国新闻

---

[1]此语出自《法华经》:"譬如有经卷,书写三千大千世界事,全在微尘中,时有智人,破彼微尘,出此经卷。"

[2]《我们为什么不爱阅读了?》,来源:新浪新闻,《新观察》第315期,http://news.sina.com.cn/z/xgcyudu/。

出版研究院院长、首席研究员郝振省曾予以澄清：所谓“国际上（人均读书）五六十本”的说法，严格讲没有权威信息源；根据国际出版蓝皮书的统计，韩国大概11本，法国8.4本，日本也是8.4～8.5本，美国7本，但他们也有大概4成以上人不读书；而将中国人读的纸质和电子书加起来，2011年有5.77本。当然，差距还是很大，远低于欧美发达国家。

那么，既知“开卷有益”，又为何“开卷无几”呢？

如果说中国人的阅读兴趣确实存在下降趋势，则原因不外乎两点，即“开卷无暇”和“开卷无趣”，而这正是传统阅读的两大障碍。

2013年5月，国家旅游局在重庆首次发布《中国国民休闲状况调查报告》。报告显示，中国人用于休闲的时间仅为3.156个小时，占全天的13.15%；用于工作的时间是9.249小时。国人休闲时间远低于经济合作与发展组织（OECD）18个国家平均值5.736小时（占全天的23.9%）。[1]

而这一数据如果具体到“北上广深”等一线城市，只怕还要压缩。因为在中国50个城市上班路途所需平均时间的排名中，北京以52分钟居榜首，广州、上海分别以48分钟和47分钟紧随其后。复旦大学中文系教授严锋认为：“现代人生活压力大，工作几乎就是生活的全部，很难抽出一段完整的时间用来阅读。”[2]

而在工作时间之外，中国人又素来爱群居而不爱独处，热衷于参加各类社交活动，耗时耗力地构建人脉关系。这样，原本有限的一些休闲时间也被消耗在交际应酬上，而传统意义上的阅读恰恰需要“独处”的时空。国人如此之“忙”，自然会“开卷无暇”。

当然，饱读之士们会说：“时间从来都是挤出来的。”如果说“开卷无暇”还能以“忙里偷闲”来应对，那么，“开卷无趣”就当真令人兴味索然了。

---

[1]《我们为什么不爱阅读了?》，来源：新浪新闻，《新观察》第315期，http://news.sina.com.cn/z/xgcyudu/。

[2]刘昆，张林涛.读书本是快乐事　名著经典，“死活读不下去”？[N].光明日报，2013-10-17.

无须讳言，在中国的传统观念中，阅读、教育、仕途一直是三位一体、并道而驰。古人说："书中自有千钟粟，书中自有黄金屋，书中车马多如簇，书中自有颜如玉。"[1]直至今日，人们依旧不得不为了考试、求职、升迁而阅读。阅读背后满是功利性目的，没有多少快乐所言。就这样，"书山有路勤为径，学海无涯苦作舟"[2]，阅读在人们的意识中成为了"苦差事"。

中央编译出版社总编辑刘明清先生就不赞成将读书功利化或者工具化。他认为，读书对人们有现实的、长远的好处；人读不读书，可以从脸上看出来；大自然的雾霾刮风就可以消除，若是人心灵中有雾霾，得用读书来驱逐。"如果抱着功利化、工具化的目的去读书，我们会发现大量的书也实际上没有什么用处。恰恰是那些看似无用的书，才能让我们享用一辈子。"[3]

如此说来，以"伏案览卷式"的传统阅读观念来看，在当今社会，"阅读"可真是个难题！但是，"山重水复疑无路，柳暗花明又一村"[4]。如果换个角度，将时下流行的"微阅读"收入眼帘，那么，我们眼前又将是另一番景象了——

"感谢日新月异的科技，让我们的阅读无处不在。等车时，我习惯拿出手机看新闻；走路时，我喜欢戴上耳机'听'小说；陪老婆逛街，我常常拿出i-Touch看电子书打发等待的时间……过去我常常抱怨生活被工作割裂得支离破碎，没时间阅读。而今，我在快节奏生活的缝隙，仍然可以利用'边角料'时间阅读新闻，接受资讯，乃至发布资讯。'微阅读'让我跟上了这个迅捷的时代。"[5]

---

[1]此句出自宋真宗赵恒的《励志篇》。

[2]此句为唐代文学家韩愈的励志联。

[3]《学者探讨"微阅读时代" 解玺璋呼吁读有分量的书》，来源：中国新闻网，http://www.chinanews.com/cul/2013/04-23/4758229.shtml。

[4]此句出自南宋诗人陆游的《游山西村》。

[5]武霖斯.欢迎进入阅读多样化时代[N].解放日报，2009-11-20(18).

放眼望去，公交上、地铁中、电梯里，“埋头苦读”者大有人在，中国的“读书人”真是不少！《新周刊》总主笔闫肖锋先生感慨道：“正因为我们获取的信息源早就不仅仅是‘书’了，所以即使大家都嚷嚷着越来越懒得看书，却每天都完成了惊人的阅读量。调查显示，当今一个小学生一天的阅读量，包括文字、影像、广告等，超过15世纪一个成人一年的阅读量。一份《广州日报》60个版近20万字，就是当时成人一年的阅读量。”[1]

“微阅读”得以流行，其优势就在于具有“小”和“快”的特征，也就攻克了“开卷无暇”和“开卷无趣”两大障碍。

首先，“微阅读”是一种“见缝插针”式阅读，可以将许多“垃圾时间”进行充分利用。等人、排队、坐车、饭局……任何场合都可以是阅读场所，任何时刻都可以是阅读时段。我们不用再望着天花板来消磨时光；随时随地掏出一件“小仪器”，就能形成个人化阅读空间。

电脑、电子阅读器、智能手机……这些“小仪器”已然改变了中国人的阅读习惯与品位，可以将一座图书馆收缩到一块微小芯片内。亚马逊推出的Kindle阅读器据称可以存储1 500本书，一块电池可供持续2周不间断地阅读。屏幕不是背光式的，但是模仿了真正的墨迹和纸张，用户阅读几个小时眼睛也不会疲劳。[2]

技术的革新可以带来阅读方式的变革。印刷术的发明使阅读变得更为普及和便捷。电子技术的发展则缔造了书刊的新形态，催生了“随时随地随心”的自由阅读方式。清华大学出版社编辑宋延年说：“由于工作和生活的压力，人们可以用于专心阅读的时间越来越少，利用碎片时间的微阅读在一定程度上缓解了这一矛盾。”[3]

---

[1]闫肖锋.微阅读会颠覆传统阅读方式吗？[N].广州日报,2009-08-06(B6).

[2]闫肖锋.微阅读时代[J].青年记者,2009-9(下半期)。

[3]张晓荣.微阅读受追　或将成为图书出版的新分支[N/OL].光明网,http://reader.gmw.cn/2013-09/29/content_9057072.htm.

其次，“微阅读”是一种“美味快餐”式阅读，与当代社会生活的快节奏相契合。如今，人们的生活方式处于“开机化生存”。电脑、手机在开机后接通网络，就好似接通了整个世界，资讯信息会无孔不入。面对海量的信息，人们自然养成了挑剔的阅读习惯。

“微阅读”从浩瀚的“信息沙漠”中淘拣出趣味盎然的“金子”，或短小精悍，或图文并茂，总能迅速吸引读者的眼球。人们可以在娱乐中求知，从而真正实现“悦读”。

得益于此，“微阅读”如今日渐流行，尤其在青少年群体中广受青睐。据中国新闻出版研究院发布的“第十次全国国民阅读调查结果”显示，2012 年中国 18 ~ 70 周岁国民的人均每日手机阅读时长为 16.52 分钟，比 2011 年的 13.53 分钟又增加了 2.99 分钟。

一份“大学生微博使用情况调查报告”显示，受访大学生中半数以上注册了微博，每天微博使用者占到 25.15%。而新兴的微信平台也已拥有 3 亿用户。“微博控”加“微信控”的手机“微阅读”，已成为越来越多年轻人的新选择。[1]

上海市少年儿童研究中心曾在 2012 年对全市中小学的 1 400 名学生进行过问卷调查。调查结果发现，各式各样的新媒体终端陆续被家庭用户拥有，约 52.7% 的家庭拥有了如平板电脑、电子阅读器等终端，约 70.8% 的学生家长拥有智能手机，约 60.9% 的学生有了专属手机，约 33.1% 的学生拥有智能手机。

这为青少年接触“微阅读”提供了条件。虽然台式电脑和笔记本电脑仍是如今青少年们上网的主力设备，但利用平板电脑、智能手机等新媒体终端上网的人数也已达到 47.9%。利用新媒体终端阅读的方式逐渐赢得

---

[1]张晓荣. 微阅读受追捧　或将成为图书出版的新分支[N/OL]. 光明网，http://reader.gmw.cn/2013-09/29/content_9057072.htm.

他们的喜爱,特别是“手机短消息(42.9%)、微博(40.8%)、电子书(32.7%)”这三大类,而且娱乐化、消遣性、无厘头的特点很突出。[1]

“微阅读”虽非尽善尽美,但却改进了传统阅读方式,使越来越多的人“手不释卷”,也使阅读习惯得以传承和拓展。

二、诗词曲联话渊源——“微阅读”之溯源

中国自古以来就存在“微阅读”的文本形态,其渊源可以追溯至古代的第一部诗歌总集——《诗经》。《诗经》使中国的传统诗歌艺术初具规范,也开启了古代“微阅读”的文本创作与欣赏。而“诗词曲联”则是其中最为流行的文体,成为千百年来的经典记忆。

在中国文学史上,“诗词曲联”可谓源远流长、博大精深。创作者需要掌握娴熟的艺术技巧,按照严格的韵律要求,运用凝练的语言、绵密的章法、充沛的情感、丰富的意象对自然环境、社会生活及精神世界进行高度集中的表现。

其中,唐诗、宋词、元曲、明清对联都在当时获得了后世难以超越的成就,成为中国文学史上的一座座无比绚烂的里程碑。而在“微阅读”盛行的当今社会,“诗词曲联”的语言艺术又呈“复兴”之势,在新媒体传播中涌现出大量仿效之作。古今对照,也可以视作对中华民族优秀文化的一种传承。

在“诗词曲联”中,“诗词”往往并称,指的是以近体诗和格律词为代表的中国传统诗歌。通常认为,“诗”更适合“言志”,“词”更适合“抒情”。“诗”起源于先秦,鼎盛于唐代;“词”起源于隋唐,流行于宋代。唐诗、宋词都是中国文学艺术的瑰宝,格律完善,节奏优美,内容丰富,作者众多。

[1]苏军.少儿微阅读口味偏娱乐[N].文汇报,2012-04-24(7).

其实,“诗词”原本是一种源自民间的“草根文学”,直至今日也仍然深受人民群众的喜爱。即便是读书不多的人,也常会模仿自己熟悉的唐诗、宋词,诌上几句“打油诗”或“打油词”。

中国诗歌发展至唐代,形成了成熟的近体诗;这是与古体诗相对的一种格律体诗,分为“绝句”和“律诗”两种,其字数、句数、平仄、用韵等都有严格规定。“绝句”每首四句,五言的简称“五绝”,七言的简称“七绝”;“律诗”每首八句,五言的简称“五律”,七言的简称“七律”,超过八句的称为“排律”或“长律”。

其中,律诗的格律极严,篇有定句(除排律外),句有定字,韵有定位(押韵位置固定),字有定声(诗中各字的平仄声调固定),联有定对(律诗中间两联必须对仗);每首四联八句,从上至下,分为首联、颔联、颈联、尾联;每句字数必须相同,可四韵或五韵,中间两联必须对仗,二、四、六、八句押韵,首句可押可不押。如果在律诗定格基础上加以铺排,延续到十句以上,则称排律;除首末两联外,上下句都需对仗;也有隔句相对的,称为“扇对”。

例如,武侠小说大师梁羽生[1]先生也是一位诗词大家,其小说中运用了大量的诗词歌赋,极富文采。曾有书迷为梁羽生先生作过一首五言律诗,如下:

金田有奇士,侠影说羽生。
南国棋中意,东坡竹外情。
横刀百岳峙,还剑一身轻。
别有千秋业,文星料更明。

首联中,“金田”是指爆发太平天国起义的金田村,就在梁羽生先生的家乡蒙山附近;“侠影”又指其小说代表作《萍踪侠影录》。

---

[1]梁羽生(1924—2009):男,原名陈文统,中国著名武侠小说家,与金庸、古龙并称为“中国武侠小说三大宗师”,在20世纪六七十年代创作了三十余部武侠小说佳作,开创了新派武侠小说的先河,被誉为“新派武侠小说之开山祖师”。

颔联中,“棋中意”指其善写棋话;“竹外情”取自苏东坡的“宁可食无肉,不可居无竹”[1],说的是梁羽生喜食肉,一反东坡诗意,正是“竹外”之情。

颈联中,“还剑”取自其小说作品《还剑奇情录》,又指其金盆洗手、封刀挂剑,不写武侠小说了。

尾联中,“别有千秋业”指其准备创作关于太平天国的历史小说。

全诗仅四十字,却言简意赅地赞誉了梁羽生先生的一生成就。

“词”又称为诗余、长短句、曲子、曲子词、乐府等。其特点是:调有定格,句有定数,字有定声。字数不同可分为长调(91 字以上)、中调(59 ~ 90 字)、小令(58 字以内)。词有单调和双调之分。双调就是分两大段,两段的平仄、字数是相等或大致相等的;单调只有一段。词的一段叫一阕或一片,第一段叫前阕、上阕、上片,第二段叫后阕、下阕、下片。

“词”的填写要依照一定的曲调,即词牌,如“满江红”“蝶恋花”“江城子”“西江月”“浪淘沙”等。它们由曲名发展而来,不同的词牌在句数、每句的字数、平仄上都有规定。词的创作在宋代达到巅峰,或激昂豪放,或典雅婉约,对后世影响深远。

例如,梁羽生先生的武侠小说几乎每部的卷首都会铺置一阕词以寄感慨。其代表作《七剑下天山》就是以一阕《浣溪沙》开篇,如下:

已惯江湖作浪游,且将恩怨说从头,如潮爱恨总难休。

瀚海云烟迷望眼,天山剑气荡寒秋,峨眉绝塞有人愁。

2012 年 6 月 28 日,时任卫生部部长陈竺在《健康报》头版报眼位置发表了自己所作的“水调歌头”词牌的词,畅谈医改,成为改革开放后首位在部委机关报纸头版发表诗词的部长。其词如下:

九州风雷动,医改传佳音。最爱鹏城胜景,雨后天尤晴。胸存社稷疾

---

[1]此句出自北宋苏轼的《于潜僧绿筠轩》。

苦，魂牵民生国运，良策暖人心。深渊何所惧，英雄敢渡津。

积弊除，制度新，政先行。厚德重塑杏林，仁术赖真情。喜望神舟揽月，笑谈蛟龙缚鲸，人间舞清影。华夏卫生路，气派独古今。

“曲”又称为词余、乐府。与唐诗、宋词相提并论的元曲包括元杂剧和散曲。散曲兴起于金，兴盛于元，体式与词相近。其特点是：可以在字数定格外加衬字，较多使用口语，无宾白、科介，只供清唱。

散曲包括套数（套曲）和小令两种，一为富丽雍容，一为短小精悍。套数是连贯成套的曲子，至少是两曲，多则几十曲；每一套数都以第一首曲的曲牌作为全套的曲牌名，全套必须同一宫调；往往以其较长的篇幅表达相对复杂的内容。

而小令以单片只曲、调短字少为基本特征。例如，马致远的《天净沙·秋思》以 28 个字描绘了 10 种景物，构成一幅内容丰富的图画，融情入景，倾诉着天涯游子的孤寂痛楚之情：

枯藤老树昏鸦，小桥流水人家，古道西风瘦马。夕阳西下，断肠人在天涯。

国民党元老、著名书法家于右任先生在参观成吉思汗陵墓时也曾作有一首《天净沙》：

兴隆山上高歌，曾瞻无敌金戈，遗诏焚香读过。大王问我，几时收复山河。

其中“大王问我，几时收复山河”一句，被毛泽东主席赞为“神来之笔”。

“对联”又称楹联、对偶、门对、春贴、春联、对子等，起源于桃符，是写在纸、布上或刻在竹子、木头、柱子上的对偶语句；言简意深，对仗工整，平仄协调，字数相同，结构一致，一般不需要押韵；在民间广为流传，同样是一种深受人民群众喜爱的文学艺术形式。

“对联”相传起源于五代十国时期的后蜀国君孟昶，他在寝室门板的桃符上题词：“新年纳余庆，嘉节号长春。”这是中国最早的对联，也是第一副春联。

对联艺术的鼎盛时期是明清两代，当时已可谓炉火纯青、日臻完美。例如，四川大学的校训“海纳百川，有容乃大”就出自清代名臣、民族英雄林则徐的自勉联：

海纳百川，有容乃大；

壁立千仞，无欲则刚。

上联说，大海可以容纳无数江河水，是因为它拥有宽广的胸襟，从而形成超常的大气；教育人们要胸怀宽广，才能成大器。

“海纳百川”最早出自东晋袁宏的《三国名臣序赞》：“形器不存，方寸海纳。”李周翰注：“方寸之心，如海之纳百川也，其言包含广也。”“有容乃大”则出自《尚书·君陈》：“尔无忿疾于顽。无求备于一夫。必有忍，其乃有济。有容，德乃大。”

下联说，悬崖绝壁能够直立千丈，是因为它没有过分的欲望，不向其他地方倾倒；教育人们要放弃无谓的享乐欲，修身养性。

“壁立千仞”出自西晋张载的《剑阁铭》：“惟蜀之门，作固作镇，是曰剑阁，壁立千仞。”“无欲则刚”出自《论语·公冶长第五》——子曰：“吾未见刚者。”或对曰：“申枨。”子曰：“枨也欲，焉得刚？”

林则徐所作对联中，传扬后世的还有多副，如：

海到无边天作岸，

山登绝顶我为峰。

上联说，站在山顶可以望见无边的大海，海天相连，气魄宏大；寓意为学海无边苦作舟，只有勤奋学习，才能到达成功的彼岸。下联说，脚踏绝顶峰，顶天立地，堂堂正正，一览众山小，抒发了凌云壮志。

再如：

大海有实能容之度，

明月以常不满为心。

此联意为：为人要谦虚大度，做事要思量谨慎；大量容人，小心处事；不自满，知自身之不足，积极进取。

闻名遐迩的长沙岳麓书院大门两旁悬挂有对联一副：

惟楚有才，

于斯为盛。

此联是清朝嘉庆年间的岳麓书院山长袁名曜与该院学生张中阶集句而成。上联出自《左传·襄公二十六年》，下联出自《论语·泰伯》，源出经典，联意关切，道出了岳麓书院英材辈出的历史事实。

岳麓书院在宋朝开宝元年(公元 968 年)由潭州太守朱洞创建，为"宋代四大书院"之一。明清两代至民国初期是岳麓书院培养人才的黄金时期，王夫之、魏源、曾国藩、左宗棠、郭嵩焘、胡林翼、曾国荃、刘长佑、唐才常、沈荩、杨昌济等名人纷纷从这所书院走向社会。

曾就读于岳麓书院的著名教育家杨昌济先生在湖南省立第一师范学校执教时，曾作过一副著名的明志联：

强避桃源作太古，

欲栽大木柱长天。

此联抒发了杨先生决心以教书育人为天职、培养经国济世之才的激越情怀，书写在该校本科第八班教室的墙壁正中央。而毛泽东主席正是就读于该班，他和同级的蔡和森等学生在日后大展宏图，成全了杨先生"栽大木、柱长天"的宏愿。

任何文学作品在反映社会生活时都要进行艺术的集中概括，但是"诗词曲联"在语言艺术的集中性和概括性上的要求更高；既要格律工整，又要语言精练，还要具有形象性和技巧性，富有音乐美和建筑美。历代流传下来的优秀作品可谓丰富多彩，令人百读不厌；创作者可以从中汲取到丰富的营养。

如今，"诗词曲联"艺术在新媒体传播中又呈现出新一轮的"复兴"之势。套用这些文体创作而成的网络段子不胜枚举，或诙谐幽默，或讽刺调侃，虽远不能与当年的"诗词曲联"佳作同日而语，但同样反映着人民的喜怒哀乐，展现着世间的百态万象。

例如，曾有网友以一首《江城子》来调侃考试之难和压力之大：

拿到试卷透心凉，一紧张，词汇忘。似曾相识，解释却不详。语法阅读两茫茫，看作文，泪千行。

两小时后出考场，见同窗，共悲伤。如此成绩，无脸见爹娘。待到成绩发榜日，楼顶上，富士康。

每年"春运"期间，一张张回家车票上总是满载着归乡游子们的辛酸苦辣、悲欢离合，而网络上关于一票难求的发言也总是铺天盖地。一位网友所作的《沁园春·春运》可谓道出了无数游子的心声：

中华大地，春节将到，有钱飞机，没钱站票。望车站内外，大包小包。全国上下，人海滔滔。晚睡早起，达旦通宵，欲与票贩试比高。须车票，看人山人海，一票难找。

车票如此难搞，引无数英雄竞折腰。惜秦皇汉武，见此遁逃；唐宗宋祖，更是没招！一代天骄，成吉思汗，只好骑马往回飙。

字里行间传达出期待、焦虑、悲伤、无奈等种种情绪，获得了广泛共鸣。也有网友以对联调侃春节回家之难：

一票两地，排个三天四夜，五脏六腑，七上八下，久久没票，十分伤心。

十人九站，累得八荤七素，六神无主，四人三座，两两相抱，一票难求。

"诗词曲联"以高度凝练的语言集中地反映生活、抒发感情，开启了古代"微阅读"的传统。而其发展的活力则源于广大人民群众对生活的感悟与提炼，书人民之所感，写人民之所想。这也正是如今"微阅读"所继承下来的最宝贵精神内核。

三、寸时寸金度光阴——“微阅读”之精髓

2013 年,“广西师大出版社理想国”微博的“主页君”(管理员)戴学林发起一个“说说你死活读不下去的一本书”的话题调查。这项调查吸引了 3 000 多名读者的参与,评论互动内容长达 125 页,转发量达到 5 000 多次。

随后,一份令人瞠目的“死活读不下去排行榜”公布。在这份榜单前十名中,中国古典四大名著尽数在列,此外还有《百年孤独》《追忆似水年华》《尤利西斯》《瓦尔登湖》等外国名著。这些以往享誉极高的经典,如今却落到了“死活读不下去”的境地。

读者吐槽“死活读不下去”的原因各式各样。网友“奇奇猴儿”说,人物太多、名字难记、内容太抽象、文化差异大。一些网友甚至调侃这些名著是“治疗失眠的利器”。有读者吐槽《红楼梦》中的人物关系复杂,完全记不清楚,“有强迫症的我为了厘清复杂的家族关系还画了一个表,读了 N 多遍都读不下去”;有读者吐槽《百年孤独》中的外国人名过分冗长,稍多读一点便分不清谁是谁;至于《追忆似水年华》和《尤利西斯》,读者多是嫌其篇幅太长,建议将其当成“十年以上有期徒刑者必备书”。

当然,这 3 000 多个样本不可能代表所有阅读者。但是可以看出,在电子阅读日渐流行、阅读方式呈现多样化的今天,公众阅读“去经典化”的倾向越来越明显,传统名著的地位越来越式微。

复旦大学中文系教授严锋认为:“与以前文化资源的匮乏不同,现在的文化资源十分丰富,人们可以毫不费力地得到各类书籍,选择的余地也就大了。人们可以根据自己的喜好来选择书籍,读者群因此分化了,有人对《红楼梦》爱不释手,有人却读不下去,这很正常。”

话题的发起者戴学林也表示,阅读是一件很私人的事,即使是公认的好作品,读者也可以勇敢地对其说“不”,延及其他事物亦是如此;这个调

查也未必科学,激发思考足矣。[1]

那么,这份榜单还能激发我们哪些思考呢?其实,它也在一定程度上折射出"微阅读"得以大行其道的"精髓"所在——那就是"凝练"。

曾有这样一则笑话——面对同一个问题:"如何做红烧肉?"本科生回答说,把肉放锅里加些东西煮;硕士生说,这个是不行的,要写出多少肉、放多少佐料、怎么煮、煮多长时间;过了一个月,博士生出了一本书,书名叫《如何做红烧肉》,打开目录:"第一章,如何养猪……"

试想一下,面对这本《如何做红烧肉》,如果读者是一位专业学人,那么他或许会从"如何养猪"开始细细读起;但如果读者只是一位忙忙碌碌的上班族或百无聊赖的家庭主妇,那么很可能将其"打入冷宫"。

同样道理,一些经典名著也确实与当代读者存在严重隔膜。例如,一些外国名著因为语言晦涩、叙事繁杂,再加上高深的哲学意识与不同的时代背景,客观上就构成了阅读障碍;诸如《百年孤独》《追忆似水年华》等名著,对普通读者来说,其繁复与古奥无疑已构成了一道鸿沟。

而"微阅读"则凭借凝练的"微语言"获得了读者的青睐。它必须用浓缩的"点"来最集中地表情达意,不会全面展开、精雕细琢,既易读又易记。中科院在 2012 年 5 月发布了中国人每天参考食谱,就以简洁易记的"微语言"概述为:"六两粮食四两肉,六两蔬菜一两油,一两鸡蛋二两鱼,半斤水果一斤奶。"

中国自古以来就有"微阅读"的传统,而凝练、集中一直是"微语言"的首要特点。早在西周早期,"周公制谥"后出现的"谥号"即有言简意赅之效。

所谓"谥号",最初是用一两个字对一个人的一生进行概括性的评价。在古代的中国、朝鲜、越南、日本等东亚国家,帝王、后妃、诸侯、大臣等具有

[1]刘昆,张林涛.读书本是快乐事　名著经典,"死活读不下去"[N].光明日报,2013-10-17.

一定地位的人死去之后，往往根据其生平事迹与品德修养，给予这样一个带有评判性质的称号，相当于盖棺定论。

谥号的选定要根据“谥法”。“谥法”规定了若干个具有固定含义的字，供确定谥号时选择，传说最早是在西周早期由周公制订的，即《逸周书・谥法解》中提到的“周公制谥”。[1]但是，周文王、周武王的王号都是自称，并非谥号；据考证，从周昭王、周穆王开始，王号才属于谥号。

根据谥法制度，谥号是在本人死后由他人评定的。君主的谥号由礼官确定，由即位者宣布；大臣的谥号则由朝廷赐予。此外，也存在“私谥”，这是有名望的学者、士大夫死后由其亲戚、门生、故吏为之议定的谥号，始于周末，至汉代盛行起来。

从最早的《逸周书・谥法解》开始，历朝历代的谥法著述在百种以上，载录“谥字”约 400 个，每个字都有特殊限定的意义。这些字大致分为三类：

上谥，即表扬类的谥号，如：“文”，表示具有“经纬天地”的才能或“道德博厚”“勤学好问”的品德；“康”表示“安乐抚民”；“平”表示“布纲治纪”。

下谥，即批评类的谥号，如：“炀”表示“好内远礼”；“厉”表示“暴慢无亲”“杀戮无辜”；“荒”表示“好乐怠政”“外内从乱”；“幽”表示“壅遏不通”。

中谥，多为同情类的谥号，如：“愍”表示“在国遭忧”“在国逢难”；“怀”表示“慈仁短折”。

帝王的谥号，在隋朝以前均为一字或二字。因此，人们一般用谥号称呼帝王，如“隋炀帝”。但从唐朝开始，字数逐渐增加，发展到后来，彻底沦

[1]近代以来，王国维等学者根据金文考释得出的结论认为，谥法应当形成于西周中期的恭王、懿王阶段。这一说法也得到了广泛认同。

为了褒义词的堆砌；其实质也由客观评判演变成一味溢美，字数的增加体现着溢美程度的发展。

清太祖努尔哈赤的谥号在中国帝王中称冠，竟然长达二十五个字——“承天广运圣德神功肇纪立极仁孝睿武端毅钦安弘文定业高皇帝”。此类谥号也就只能在特定场合使用了，徒为后世笑柄。

在古代社会，文化传播不太容易；传统的物理载体，如竹木简等，其信息容量很有限。人们不得不用心提炼语言。

《史记·滑稽列传》载：“朔初入长安，至公车上书，凡用三千奏牍。公车令两人共持举其书，仅然能胜之。人主从上方读之，止，辄乙其处，读之二月乃尽。”汉武帝连续多日阅读的这些“奏牍”需要两个人才能勉强抬得动，每天阅读中止之处，都认真做了记号，随后再从标志记号的地方接着读，一直读了“二月”方才结束。

那么，这“二月乃尽”的阅读量究竟有多大呢？东方朔上书“用三千奏牍”。历史学家邢义田先生分析说：“如果东方朔不用牍而用简，三千简大约重 9 491.825 公斤，或 9.5 公斤左右……如果东方朔是用较简为宽的木牍，三千牍的重量更要多上好几倍。”

假设东方朔上书用简，重 9.5 公斤，依然参照邢义田先生测算书写《史记》竹简重量 51.015 公斤这一平均数，东方朔上书字数应大略为《史记》的 18.62%，也就是 9.8 万字左右。汉武帝读这些文字用了两个月的时间，则每天平均的阅读量不足 1 700 字。那么，这每天的 1 700 字中，每一句、每一字都必然蕴含了丰富的信息量。

可见，古代的“微阅读”很注重通过铸词炼句来形成“微语言”，追求“一字穷理”“两字穷形”“以少总多，情貌无遗”。[1]例如，在优秀的“诗词曲联”作品中，通常一两个字或词就可以构成一个能唤起读者丰富想象与

[1]蒲友俊. 文学原理[M]. 成都：电子科技大学出版社，1993.

联想的意象，一句诗就可以构成一个含义深远、韵味无限的意境，具有一种“含蓄美”。

在情感的表达上，中国人历来比较含蓄。曾有这样一则有关“情书”的故事——一位羞涩的高中男生递给暗恋已久的女生一封情书，上面只有一串字母：ABCDEFG。女生始终不解其意；直至毕业后的某一天，女生对着这张写有那位男生的生平第一次告白的纸条发呆，终于恍然大悟：“A boy can do everything for girl（男孩可以为女孩做任何事）……”

“诗词曲联”中的“微语言”在蕴含深意的同时，就是一种偏重于领悟的语言艺术。赵缺在《无咎诗三百序》中写道：“诗者，感其况而述其心，发乎情而施乎艺也。”

梁羽生先生在对联艺术上也颇有造诣，编著有联话精选集《名联观止》。他曾为自己作过一副自况嵌名联：

侠骨文心，笑看云霄飘一羽；

孤怀统揽，曾经沧海慨平生。[1]

此联中既含有其小说《侠骨丹心》的书名，又暗嵌自己的笔名及原名“陈文统”，更是其一生淡泊名利的写照。其所作的诗词、对联后由杨健思选编成集，名为《统览孤怀——梁羽生诗词、对联选辑》。

2009 年 1 月 22 日，梁羽生先生在澳大利亚悉尼病故，享年 85 岁。曾与其“一时瑜亮”的好友——金庸先生献上挽联：

同行同事同年大先辈，

亦狂亦侠亦文好朋友。

——自愧不如者：同年弟[2]金庸敬挽

1995 年 5 月 28 日，中国电影第四代女导演张暖忻病逝。著名作家汪

[1]此联又作“散木樗材，笑看云霄飘一羽；人闲境异，曾经沧海慨平生”。

[2]金庸出生于 1924 年 2 月 6 日，稍年长于梁羽生，此处自称“同年弟”当是以逝者为大之谦词。

曾祺先生亲书挽联，将其电影代表作《沙鸥》(1981 年)和《青春祭》(1984 年)的片名嵌入其间：

繁花此日成春祭，

云水他乡梦白鸥。

2012 年，息影多年的著名影星林青霞以作家身份推出新作《窗里窗外》，并在北京大学百年讲堂举办内地首发式。著名导演徐克和姜文现身捧场，并送上两人合作的一幅书法作品：

窗里人间事，

窗外林上春。

当然，也有一些“诗词曲联”的“微语言”不重含蓄，力求直白，但同样凝练。著名爱国将领冯玉祥将军就曾作对联一副，批评国民政府官员的“官僚主义”习气：

一桌子点心，半桌子水果，哪知民间疾苦；

两点钟开会，四点钟到齐，岂是革命精神。

2011 年 10 月，吉林的《四平日报》刊登了一首《讹人老人戒》，可谓浅显易懂：

老爷子，老太太，年纪一把要自爱。

出门千万别跌倒，跌倒千万别诬赖。

你若反咬人一口，道德良心还安在。

该出手时无人出，社会风气遭伤害。

谁家没有子和女，应为儿孙做表率。

含蓄也好，直白也罢，要将包罗万象的大千世界浓缩为束光片羽，必须匠心独运。常言道：“长文章好作，短文章难攒。”“微阅读”作品在篇幅上比其他文体更为简约、短小。庞杂的生活、丰富的情感、纷繁的场面，都要采用高度浓缩的方式将之显现于简约有限的篇幅之中。正所谓“微尘中见大千，刹那间见终古”。

那么，如果失去了凝练的“微语言”，“微阅读”也就难以为继。改革开放以来，“诗词曲联”的创作与欣赏就曾一度沉寂没落起来。就诗歌创作而言，自由体新诗在五四新文化运动之后兴起，形式上采用白话，也不拘泥于格律，大大降低了诗歌创作的“门槛”。而时至今日，诗歌创作几乎已经没有了“门槛”的限制，任何人胡诌几句就可以自称“诗人”，作品良莠不齐，空洞的无病呻吟越来越多，写诗的远比读诗的多。人们对诗歌的不屑一顾，一度使其淡出了公众的阅读视野。

而在现今的“微阅读”中，我们不仅看到了以“诗词曲联”为代表的“微语言”艺术的复兴，还看到了网络语言赋予的新活力。例如，中央电视台《第十放映室》栏目在2013年初就曾以一副诙谐的对联对充斥电视荧屏的“宫斗剧”进行了一番辛辣的讽刺：

上联：高帅富假扮矮矬穷逆袭高帅富，

下联：土肥圆难敌白富美注定土肥圆。

横批：这就是命

在忙碌的现代社会，人们往往是在“闹中取静”的心境下进行“微阅读”。这种心境不知道何时会被打断，何时才能继续。所以，人们的思维要像Windows 7那样擅长窗口切换，又要像移动硬盘那样拥有超大记忆体。[1]

所以，“微语言”不能是“流水账”，不能不分巨细地每闻必录；要用最简练的字句来表现最丰富的内涵，达到“电梯游说”的效果。所谓“电梯游说”是比喻可以30秒内在电梯里把一个产品或创意介绍清楚；这种“微语言”起码会讲清楚四点：1. 我是做什么的；2. 我解决什么问题；3. 我如何做到与众不同；4. 你为什么要在乎。

而微博的兴起，无疑为“微语言”的锤炼提供了最佳的条件和载体。作家王干认为：“因为网络的无门坎进入，也因为网络的海量信息，没有了

[1]江苇. 重要的是如何看待阅读[N]. 解放日报，2009-11-20(18).

限制，语言的含金量、语言自身的尊严受到了挑战。语言尤其作为传播交流的书面的语言，应该有某种自律的律存在着。微博虽然不见得就是天条式的‘律’，但毕竟让网上的灌水者有了律了，不能有水就灌了，要去‘炼’，从水中炼出油来。”

出版人路金波说：“140 字数限制，能够逼迫作家锤炼语言。去掉那些惯性的形容词、副词，使文字更多动词，更简洁干净有力。而过去的网络创作，常常因为肆意而无节制，把作家的语言弄坏了。起点上动辄上百万字巨著，简直使人恐惧。”[1]

作家郑渊洁也认为微博最显著的优点是“短”。他以前从不写短篇小说，最短的童话也有几百上千字，《舒克与贝塔》长达 100 多万字。如今他写微博，先写四五百字，然后再删到 140 字以内。“让我浓缩的本事大长！可有可无的话都删掉！删到几乎是零冗余度！契诃夫说过，在一块石头上雕刻人脸，就是把不是人脸的部分拿掉。”写微博给他带来的直接后果是，本来他写了 21 万字的新小说，现在删到 6 万字。他说要向《论语》学习，向写《史记》的司马迁学习，因为它们是最早的“微博”。[2]

中央电视台电影频道电视电影部艺术总监柳城先生曾写就《电视电影三字经》，作为“电视电影”[3]创作的总结和指导，并于 2007 年获得联合国教科文组织颁发的特别文化贡献奖。现摘录如下：

电视电影三字经[4]

一、为电视，拍电影；为电影，添品种；以数字，成影像；以杜比，成音响；亦影院，亦家庭；可播出，可放映。

---

[1]王干. 从灌水到炼油——关于微博的 N 种说法[N]. 中华读书报，2009-12-02.

[2]李佳杰，曾索狄. 名人微博，失控的“通讯社”？[N]. 新闻晚报，2010-12-17(A1).

[3]“电视电影”也称“电视故事片”，是模仿电影故事片拍摄的、类似于电视单本剧的一种电视剧类型，也可以说是用电影技巧拍摄的电视单本剧，或者说是为电视播映而制作的“电影故事片”。

[4]柳城. 电视电影三字经[M]. 北京：中国电影出版社，2006.

二、盖电影，梦非梦；凡做艺，真至诚；舞之起，由情动；跃成仞，飞成虹；音之起，由心生；兴则歌，愤则鸣。

三、曰剧作，戏之本；良与莠，定乾坤；遂创作，靠生活；愈之好，要技巧；讲故事，要单纯；牵得广，涉得深；写人物，一棵树；枝叶繁，根须固；设情节，一条河；九曲翻，十八湾；立结构，如安家；园中水，庭前花；写命运，一盘棋；走河东，看河西；写性格，莫凝止；彼一时，此一时；选题材，勿求大；取视点，多变化；重愉悦，重审美；表达够，要渗透；人忌杂，话忌多；立形象，当动作；事忌繁，场忌散；抱戏核，沥戏胆；讲风格，乃为人；弄潮人，潮中人；讲风格，求一统；思无邪，始至终；讲风格，尽异同；池水清，出芙蓉；要独创，博众长；出经典，识群贤；好细节，一瞬间；一流传，一百年；著此文，非彼文；时三分，叩人心；时六分，起波澜；凡九分，出看点。

四、曰编辑，吾之友；投木李，报琼玖；曰编辑，吾之师；识罗敷，辨东施；曰编辑，习无止；方解锁，方点石；曰编辑，最当敬；食之黍，付之乳。

五、文未竣，即投拍；断其脉，呈病态；户枢蠹，天难助；败俱损，痛自饮。

六、文本定，亦莫急；讲策划，重前期；黄金屋，建几许；颜如玉，谁家女；何以愁，何以欢；几时晴，几时雨；筹秣薪，莫忘针；三军齐，弃滥竽；策划熟，踏征途；最需问，心何如；戏入心，情才真；食无味，夜难寐。

七、曰拍戏，琢璞玉；细中粗，粗中细；悲一时，歌一曲；悯一生，一出戏；喜亦是，忧亦是；清亦是，浊亦是；场场戏，皆全局；个个人，皆相系；丝丝扣，情之带；千千结，欲之债；编导演，通灵犀；摄录美，求默契；声光色，应有情；动与静，当着意；苦思时，夜秉烛；勤耕时，中天日；十分力，一成戏；九分力，前功弃；劳其身，乃匠人；报鲜知，方为诗；一求实，二求真；三求美，四求新；最难求，寓之乐；深之浅，厚之薄；或叙事，或言情；或呐喊，或鼓动；或现代，或传统；或大众，或小众；黄金律，不可变；拍佳片，要好看。

八、抢进度，必削履；压周期，必伤体；人赶戏，才思闭；戏催人，出戏魂；人保戏，戏保人；人欺戏，戏欺人；戏保人，送帛锦；戏欺人，最残忍。

九、曰表演,两经典;一体验,一表现;体验者,重情感;讲内在,讲感染;表现者,重状态;讲理念,讲安排;两相斥,出辩才;两相溶,乃天才;观中外,看古今;好演员,由此分;曰演戏,非演戏;戏是他,他是你;他有悲,你即泣;他有欢,你遂喜;何以悲,皆在他;如何喜,皆凭你;两个人,一块泥;你捏他,他捏你;说个性,你随他;论形象,他像你;好演员,当天才;始于怀,成于台;怀才者,自不名;临台者,自无形;生活厚,技巧精;修养够,为大成。

十、文之道,人之道;艺之道,神之道;文之法,天之法;艺之法,无定法。

十一、人一世,事若成;需淡利,需忘名;唯赤爱,唯忠诚;靠投入,靠激情;轻宠辱,耐枯荣;漫漫路,踽踽行;凡妙文,本天成;凡妙手,十年功。

《电视电影三字经》问世后获得众多名家赞誉。已故著名艺术家黄宗江曾评价说:“翻阅《三字经》,真可谓道尽电视电影创作和摄制之秘籍。文字生动却可不陷窠臼,浅显易读却又回味无穷,新意盎然却能旁引曲喻,内涵深广,竟似古典。”

在如今这样一个娱乐发达的时代,寸时寸金,大块文章正悄然褪色。有兴趣的求知者可以深入阅读。但普通读者则惜字如金,希望像微博一样在140个字之内解决问题,而且更注重阅读本身的娱乐功能。“微阅读”之兴起,正当其时。当然,若能寓教于乐,则善莫大焉!

四、网言网语表真心——“微阅读”之活力

“微阅读”大行其道,究竟活力何来?

“问渠那得清如许,为有源头活水来。”“微阅读”的活力其实就来源于人们对生活的热爱、对幸福的追求、对人生的倾诉。广大人民群众始终是“微阅读”内容的主要创作者,古今皆然。

例如,隋末农民起义的早期领袖、自称“知世郎”的王薄曾作《无向辽东浪死歌》,以倾诉不满、号召群众。其诗如下:

长白山前知世郎，纯著红罗锦背裆。

长矟侵天半，轮刀耀日光。

上山吃獐鹿，下山吃牛羊。

忽闻官军至，提刀向前荡。

譬如辽东死，斩头何所伤？

被网友誉为“史上最牛历史老师”的袁腾飞曾为其翻译了一个俗名——《不要去辽东白白送死歌》。该诗翻译如下：

我是山东章丘一个看透世事的强盗，看我帅气红上衣锦色背带裤。

我手擎长槊伸到半空中，片刀发出比太阳还耀眼的光芒。

我上山当土匪就以獐鹿为食，下山为强盗就吃（地主老财的）牛羊。

如果官兵到了，我想也不想提刀就迎上。

假如不用到辽东去送死，就算砍掉我脑袋又怎么样？

隋朝末年，隋炀帝杨广大兴土木、巡幸游乐，徭役、兵役甚为繁重，民不聊生。大业七年（公元611年），隋炀帝又为讨伐高句丽而征发全国兵、民数百万，以致“天下死于役而家伤于财”[1]。诗中的“譬如辽东死，斩头何所伤”喊出了普通民众的心声——“在残酷的统治下，大家已经没有活路了！”这篇“宣言”拉开了隋末农民大起义的序幕。

这首通俗易懂的诗歌堪称古代的“网言网语”，讲出了老百姓的“真心话”。而如今，人们拥有了以微博为代表的自媒体工具，写作也立即变成一件更加容易的事情。微博以简洁性的语言传播、即时化的个性表达、集聚式的实时互动为主要特征。在以往构不成写作、思考的任何空闲时段，只要你灵光乍现，就可以将所思所想发表出来。这些即时、灵活、迅速的特性，使人民群众的“真心话”可以在最短的时间内传递出来，也导致大量原创性的“微阅读”内容爆发式地被生产出来。

[1]此语出自《隋书·食货志》。

可以说，“微阅读”中的“网言网语”满载着人们对当代生活的印象与感受，或如“不要迷恋哥，哥只是个传说”式的自嘲，或如“贾君鹏，你妈妈喊你回家吃饭”式的寂寞，又或如“生活像一个茶几，上面摆满了杯具”式的慨叹……

英国《独立报》曾有报道称，美国和德国科学家调查了900多名平均年龄在38岁左右的职业女性，问她们每天的日常安排及感觉，得出“女性完美一天”的安排表：首先是保证8小时睡眠，然后每天至少56分钟的购物，82分钟的放松，46分钟的午间小睡，33分钟的交通时间，50分钟用来做饭，75分钟享用美餐，而仅为工作拨出36分钟。

这种生活或许是许多女性的“梦想”，但“现实”往往与“梦想”相距甚远。2011年6月，一篇名为《淘宝皇冠卖家过劳死》的网帖曾被广大网友疯传。一名25岁的江阴女子在南通海门做家纺网络销售，已做到皇冠级别，没想到却猝死在房子里。25岁女孩仅凭一个人做到皇冠(1万个有效成交量)很不容易。这样的工作强度，任何人都吃不消的。这直接导致了悲剧的发生。

许多网友叹惋之余，纷纷感叹“做女人也不易”，还总结了“2011年新女性标准”：“摇得到车号，拿得出税单；搞得到户口，买得了京房；唱得了忐忑，玩得转围脖；骂得了鬼子，耍得了流氓；自己人工生孩子，不用男人来帮忙。”

不久，《新女性三字经》问世，更引发众多女性网民的共鸣：

多活动，少窝家。走出去，一枝花。
待在家，成老妈。少郁闷，不消化。
找女生，互相夸。美美容，侃八卦。
逛逛街，把钱花。找男生，说说话。
娇滴滴，笑哈哈。讲品位，别太花。
人再忙，把妆化。少喝酒，多喝茶。

觉多睡，钱猛花。给谁省？别傻瓜！

别等到，耳眼花，衣再好，腰成虾。

饭再好，没有牙。钱再多，床上趴。

情再浓，感觉差。人再好，豆腐渣。

这正是众多女性在巨大生活压力下的集体宣泄，是属于她们的宣言。

具体而言，“网言网语”为“微阅读”提供的庞大素材又以“词、句、段”三种成分最为突出。

所谓“词”，是指“网络热词”，往往是对社会现象最简洁的概括和反应，是以平民角度去观察和诠释百姓生活。因此，“热词”的传播非常迅速快捷，既易懂易记，又饱含情感，诸如“躲猫猫”的讽刺、“负二代”的慨叹、“屌丝”的自嘲……

例如，“给跪了”是2012年和“囧”有一拼的“网络热词”，是源自微博和论坛的流行语——“我给你跪下了”的缩写，一方面用来表达心中的感叹、叹服、拜服，形容对方很强大；另一方面又含有无奈的自嘲意味，用法类似于“悲剧了”“悲催了”。

《2012年中国语言生活状况报告》显示，2012年的国民语言中出现了585条新词；其中，“中国式过马路”“最美教师”“房叔”等最具代表性，“中国梦”“你幸福吗”等跻身年度热词，还有“白富美”“黑富帅”“矮穷矬”等新词也很流行。这些字词基本都是“网络热词”，共同记录了2012年中国社会生活的热点。

所谓“句”，是指“网络造句”。网络上的“造句热”也同样与社会生活的焦点密切相关。例如，“春运”期间的“车票造句”：“君子坦荡荡，没有火车票”；“商女不知亡国恨，售票大厅没车票”；“洛阳亲友如相问，就说我在买车票”；“少壮不努力，老大买车票”；“垂死病中惊坐起，今天还没买车票”；“生当作人杰，死亦买车票”；“人生自古谁无死，来生继续买车票”；“众里寻他千百度，蓦然回首，那人正在买车票……”

还有网友为安慰期末考试不及格的学生，而奉献出“正常造句”：“英语不合格？正常！你是中国人就应该不合格！数学不合格？正常！你买菜要用函数计算吗？语文不合格？正常！你骂人用修辞手法吗？物理不合格？正常！你跳楼要考虑空气阻力吗？生物不合格？正常！你搞不清自己是男是女吗？……”

所谓“段”，是指“网络段子”。有趣的“网络段子”每年都层出不穷，各种流行“网络体”也相伴而生。其实，网络从来不缺少新鲜语体，其创始人主要是“80后”“90后”群体。

较有代表性的“网络体”有琼瑶体、后宫体、蜜糖体、红楼体、知音体、纺纱体、梨花体、脑残体、走近科学体、装13体、TVB体、王家卫体、校内体、凡客体、回音体、七夕体、乡愁体、羊羔体、3Q体、投身体、见与不见体、子弹体、丹丹体、咆哮体、省略体、幸福体、生活体、德纲体、李刚体、熊胆体、菜刀体、雷锋体、甄嬛体、底线体、春式家书体、看了一眼体、遗憾体、找狗体、拒爱体……

这些“网络体”天马行空，少有限制，可以无限伸延，也没有界域性，但浓缩了人们对社会生活的诸多感受。我们下面列举一些近年来较有代表性的“网络体”：

蜜糖体

蜜糖体，是2009年开始在网络上流行的一种文体，被网友称为“甜到腻、腻到呕”。其命名源自一位女网友的网名——天涯论坛网友“爱步小蜜糖”[1]。这位“小蜜糖”真的很厉害，在天涯社区注册ID不过3天，就凭借“嗲到不能再嗲”的说话方式和“儿童腔”的词汇迅速走红，并且仅仅凭借几个回帖就立刻雷倒无数久经风浪的网友。

“蜜糖体”问世后，社会上的大批粉丝迅速跟风使用。网友们也很快

---

[1]“爱步”是喜爱日本歌手滨崎步的意思。

总结出其写作特点:无论称呼别人还是自己一定用叠字昵称,例如,称妈妈为 mammy,称爸爸为 daddy;将 5555(呜呜呜)挂在嘴边;把“是”说成“素”,“可是”说成“可素”,“这样子”说成“酱紫”,“非常”说成“灰常”;“的”和“地”都用“滴”代替……

红楼体

2006 年 8 月至 2007 年 6 月,北京电视台为拍摄新版电视剧《红楼梦》而举办了演员选秀活动——“红楼梦中人”。参赛选手闵春晓的博文颇有《红楼梦》原著行文风格的痕迹,令读者捧腹,在网络上迅速引发一股模仿之风。于是,“红楼体”诞生并盛行开来。其特点就是文中大量出现“这会子”“那些人儿”之类在今时今日读来似乎有点不伦不类的语句。

示例:直到有一天,当我回到寝室,发现录音机里,我最爱的《红楼梦》磁带被人洗去了几段。伤心惶惑间,一个要好些的女孩儿悄悄告诉我:“人家这会子都听李玟、张惠妹,独你这样不入流,总听这些悲悲切切的音乐,扰了大家的兴致,往后还是改了吧,到底还是合群些的好。”

知音体

知音体,得名于某杂志,源自天涯社区论坛,最擅用煽情的标题来吸引读者。2007 年 8 月,天涯社区某网友发帖称:请大家用无敌、优雅、冷艳的“知音体标题”来给熟悉的童话、寓言、故事等重新命名。随后,网友们踊跃跟帖,无数名著名篇的标题被网友们恶搞。

“知音体标题”拥有四大武器:标题功能上,力显“点睛”式的入目效果;修辞艺术上,力求多变的激扬文字特色;练达文字上,力呈鲜明的诗化语言风格;标题新意上,力辟强烈的视觉冲击力。

示例:《白雪公主》被重新命名为《苦命的妹子啊,七个义薄云天的哥哥为你撑起小小的一片天》;《小红帽》被重新命名为《善良的女孩呵,你怎知好心指路采花的哥哥竟是黑心狼》。

纺纱体

纺纱体，又称纱比体、陛下体，顾名思义，是仿照莎士比亚语体，力求使语言如莎士比亚戏剧一般“优美”。其由来是：百度帖吧中有一个网名为“女王夜叉”的女吧主，经常以一种居高临下、盛气凌人的古怪文体对吧友进行“训示”；网友们最初对其鄙视、批判，之后开始模仿、跟风，最后成立了“纺纱教”，专门学习此类文体的使用。

纺纱体喜欢使用倒装句，杜绝使用粗俗的字眼，坚决摒除“偶（我）、表（不要）”之类的网络流行语，称呼上非常注意使用“您、阁下、在下”之类的敬语，最重要的是发言决不能使用标点符号。

示例：我亲爱的朋友们也许是时候听听一些忠告了虽然难免会有些刺耳但不可否认的是这将非常的诚恳。

梨花体

梨花体，是诗人赵丽华[1]名字的谐音，起源于韩寒与诗人们在博客上的口水战，风格极具通俗性和口语化的特点，便于模仿。因此，早已在网络上“千树万树梨花开”了。如果连梨花体的诗歌都看不懂，就只能说明没有读诗的天分；如果连梨花体的诗歌都不会写，就只能说明不会使用回车键。其写作方法是，随便找来一篇文章，随便抽取其中一句话，拆开来，分成几行，就变成了“梨花诗”。

示例：我要在腾讯写诗/一首/关于嫦娥的诗/我的诗/是/天下/最好的诗。

走近科学体

走近科学体，模仿自中央电视台科教频道同名节目的解说词。其文体特点是，故弄玄虚，先吊足读者胃口，然后呈现一个再平常不过的结果。例

---

[1]赵丽华，女，中国作家协会会员，国家一级作家，曾担任第二届鲁迅文学奖诗歌奖评委，兼任《诗选刊》社编辑部主任。

如，“打呼噜”不叫“打呼噜”，叫“深夜里的恐怖怪音”；“神经病”不叫“神经病”，叫“灵魂出窍”或“僵尸附体”。全文需要大量使用“然而，意想不到的事发生了”“事情远非这样简单”之类的语句。

示例：某村一户人家老是发现自家瓷砖缝里会渗出像血一样的鲜红色液体，弄得到处都是。全村的人都不知道是怎么回事。在请了许多专家过来勘测而无所得的情况下，意想不到的事情发生了。一位上了年纪的村民突然回忆说，这栋房子下面在很久以前曾经是处坟地！到底是怎么一回事呢？敬请关注《走近科学》。

3Q 体

面对掐架，网友一贯的态度是围观。但是，2010 年，腾讯 QQ 与 360 之间的一场“3Q 大战”，把每一个围观者都牵扯成了参与者。当腾讯 QQ“泪流满面”地“做出一个艰难的决定”——在装有 360 软件的电脑上强制停止运行 QQ 软件的时候，网友们莫名其妙地遭遇到一道“爱我还是它”的选择题：“要 QQ，还是要 360？”

于是，3Q 体横空出世，并让我们反思自己的处境：大多数时候，你没有选择，只有被选择，你没机会艰难地决定，只能艰难地被决定。我们只好艰难地庆幸下面这个假设没有发生：“亲爱的用户，您好，我们是电力公司的。您看到这封信的时候我们刚刚做了一个艰难的决定。因为我们与自来水公司吵架，我们决定对所有自来水公司客户停电，我们把要断电还是断水的选择交给您来决定……你可以选择停电不停水，但是我必须提醒你，即便你选择了停电，由于自来水公司已经被我们停电，他们也没办法给你送水。”

凡客体

凡客体，是 2010 年兴起于凡客诚品（VANCL）广告文案的一种文体。该广告意在戏谑主流文化，彰显该品牌的个性形象。但是，其另类的手法也招致不少网友围观。网络上出现了大批恶搞的帖子，代言人也被掉包成郭德纲、小沈阳、凤姐、陈冠希等名人。其广告词更是极尽调侃,令人捧腹。

就这样,原本只为恶搞凡客诚品营销广告的“凡客体”被网友们发扬光大,可以用来对任何一个人、任何一件事进行标签化的调侃,掀起了一场“人人皆可调戏”的狂欢。

2010 年的网友,也许依然没有穿过任何一件凡客诚品的衣服,但是却很可能学会了用凡客体来调戏主流文化和公众人物。这其中的情绪,有愤怒,也有嘲讽,有纠结,也有心酸。其模板为:爱……爱……爱……爱……也爱……(价格)的……(商品名称)我不是……我是……

示例:爱相声,爱演戏,爱豪宅,爱得瑟,爱谁谁,尤其爱 15 块一件的老头汗衫,我不喜欢周立波,也没指望他会喜欢上我,我是郭德纲,能成为鸡烦洗的代言,我很欣慰。

2010 年广州亚运会期间,《辽沈晚报》甚至开创了“凡客体”版面设计,如此形容中国足球:“爱小组赛,不爱淘汰赛,压力太大……爱表决心,爱说中韩差距不大,爱夸海口说复制国足 3∶0克韩……我们走在无穷败的老路上,我们不知该哭还是该笑,我们是不着调的中国国奥。”又如此形容“万年老二”史冬鹏:“不爱跟跑,不爱第二,不爱看人后背……不爱冬日娜,不爱接受她采访,不爱听她恭喜我‘蝉联亚军’……我不会永远是 2,我也想当大王,我是一直想超越刘翔的史冬鹏。”

咆哮体

咆哮体一般出现在回帖或者 QQ、MSN 等网络聊天对话中。使用者在激动的时候会觉得一个感叹号不足以表达自己的情感,而打出很多个感叹号。其并无固定模板,但通常以“有木有”结尾。

示例:两年才有一个班! 一个班不到 30 人啊! 比四川的熊猫还稀有的物种啊! 有没有! 越南人叫名字都只叫最后一个字啊! 有木有!!!

淘宝体

淘宝体,最初见于淘宝网卖家对商品的描述,后因其亲切、可爱的用语而逐渐在网络上走红。常见字眼为“亲,……哦！嘻嘻……”

示例:亲,熬夜不好哦!!! 亲,包邮哦!!!

亲,你有没有感觉,每一次完毕淘宝支付,我都想这么说话呢?

亲,那咱们都用淘宝体说话吧,嘻嘻……

Hold 住体

2011 年 8 月,台湾综艺栏目《大学生了没》的一期节目中,一位名叫谢依霖的女网友以夸张另类的烟熏造型、中英混搭的做作腔调、扭捏妖娆的搞笑姿态向大学生们介绍“什么是 Fashion”,口头禅是“hold 住”。“Hold 住体”随即一夜爆红。

示例:买彩票中了 500 万,叫我怎么能“hold 住”。

蓝精灵体

蓝精灵体,俗称“卖萌晒苦体”。2011 年夏天,电影《蓝精灵》票房大收之后,片尾曲《蓝精灵之歌》诱发的“蓝精灵体”开始爆红网络。铺天盖地的各式版本倾诉着各行各业的心酸悲苦。

示例:在那山的那边海的那边有一群小白领,他们苦命又聪明,他们加班到天明,他们呕心沥血不分昼夜都在赶报告,他们年复一年都盼涨工资。哦,苦命的小白领,哦,苦命的小白领,他们齐心协力开动脑筋打败了各 Boss,他们老了还是买不起房子。

怨妇体

怨妇体,源自一条微博——“某互联网企业电梯口,看到一女生打电话,边哭边骂:你是个骗子,你根本一点都不爱我！然后又听到撕心裂肺的一句:你和我在一起,就是为了让我给你做 PPT!”这条微博一经发布,众多怨夫怨妇纷纷套用这一方式来造句,在微博上吐槽被骗的经历。自称原创者的网友杨不坏将这一吐槽方式命名为“怨妇体”。

其模板为:某建筑门口,看到一女生(或者男生)打电话,边哭边骂:“你是个骗子,你根本一点都不爱我!”然后又听到撕心裂肺的一句:“你和我在一起,就是为了让我给你……"

撑腰体

2011年10月末,出现这样一条微博:"北大副校长:'你是北大人,看到老人摔倒了你就去扶。他要是讹你,北大法律系给你提供法律援助,要是败诉了,北大替你赔偿!'"

该微博迅速被网友转发。而由北大副校长提出的倡议内容精简而来的"撑腰体"也迅速扩散开来,并衍生出了各种版本;用各大学校长、各领域代表的口吻,为扶起跌倒老人的善行做全方位的保驾护航。其模板为:"你是……,看到老人摔倒你就去扶,他要是讹你,你就……,……替你……!"

示例:"你是微博人,看到老人摔倒你就去扶,他要是讹你,你就发微博,网友替你喊冤!"

看了一眼体

2012年,掐架好几年的土豆网与优酷网成了一家,让不少网友感叹"又相信了爱情"。受其影响,网络上流行起"看了一眼体"——人家都合好了,竞争对手还在干吗?

示例:苹果看了一眼安卓,蒙牛看了一眼伊利,甲壳虫看了一眼mini,麦当劳看了一眼肯德基,可口可乐看了一眼百事,方舟子看了一眼罗永浩,韩寒看了一眼郭敬明,詹姆斯看了一眼科比。

忍够体

2012年2月1日,香港一家报纸出现一则题为"香港人,忍够了"的大幅广告,表达"反内地孕妇赴港生子"的立场,并暗讽内地人为"蝗虫",要求当局阻止内地人"入港"。有香港市民表示,这决不代表大多数港人的看法。

对此,内地网友却幽默应对,各种版本的"忍够体"走红微博,曾经的吐槽逐渐转为一种幽默的跟风。其模板为:"您愿意"+"×××忍够了!"+

反对内容。

示例：您愿意，看个病，还是先看工作表，向领导请假，一大早在医院门口排队，为一个专家号码？假日看病没专家，忍够了！因为周六专家资源少，想看病就必须在工作日！因为想要一个专家号，就必须请假、翘班、扣钱！因为周末看病难，就必须一大早在医院门口等号！因为假日看病难问题，小病拖成了大病！！请假难、看病难、看专家更难………这些问题是否也困扰着你？

生活体

2012 年 1 月 31 日，网友“大头 ppb”发布一条微博：“看报道说，梁朝伟有时闲着闷了，会临时中午去机场，随便赶上哪班就搭上哪班机，比如飞到伦敦，独自蹲在广场上喂一下午鸽子，不发一语，当晚再飞回香港，当没事发生过，突然觉得这才叫生活”。

这条微博迅速引起网友围观。“生活体”爆红网络。其模板为：“有时闲着闷了，会临时去××，随便××”+做一些打发时间的无聊事情+“不发一语”+当晚再回××+“突然发现这才叫生活。”

示例：看报道说，有一播音员，有时闲着闷了，会临时中午去演播室，随便赶上哪个就上哪个演播室，比如到 13 演播室，独自蹲在演播室里吃一下午盒饭，不发一语，当晚再赶回家里，当没事发生过，突然觉得这才叫生活。

高晓松体

2012 年 3 月，音乐人高晓松在腾讯微博发文，力挺退出微博的舒淇：“我们这个行业，卖身卖艺卖青春，用欢笑泪水，献爱与自由。从未巧取豪夺，鱼肉乡里，干过什么伤天害理之事。演好了，鞠躬拜票谢观众，演砸了，诚惶诚恐不成眠。顶三五载虚浮名，挣七八吊养老钱。终归零落成泥，随风散去。观众总会有新宠，不复念旧人。看在曾带给大家片刻欢娱，能否值回些人间温暖？谢谢！”

这则博文中的独特行文，在字里行间道尽光鲜背后的辛酸，引得众多网友效仿。各行业网友疯狂撰写自己行业的辛酸史。很快,网编版、教师版、建筑版、企划版……各种版本的仿写层出不穷,迅速走红,被统称为"高晓松体"。其模板为:"我们这个行业"+行业辛劳描述+"从未"+干过坏事+"看在曾……"+"能否值回人间温暖?"

示例:"教师版"——我们这个行业,卖文卖命卖青春,用半夜清晨,献知识与成绩。从未巧取豪夺,鱼肉学生,干过什么伤天害理之事。教好了,谢完领导谢同事,教砸了,骂声批评不绝于耳。顶一辈子虚浮名(人类灵魂的工程师),挣几个辛苦钱(教师工资低于公务员)。终归零落成泥,随风散去。校长总会有新宠,不复念旧人。看在曾教给大家些许知识,能否值回人间温暖?

甄嬛体

2012 年,随着电视剧《甄嬛传》的热播,剧中的台词也因"古色古香"、包含古诗风韵而被广大网友效仿。许多观众张口便是"本宫",描述事物也喜用"极好""真真"等词汇。"甄嬛体"瞬间红遍网络。常用词汇为:极好、真真、本宫、那是……的、若是……想必是极好地、但……倒也不负……。

示例:"网购版"——小主,今儿新上的这件衣衫款型是极好的,这苏绣的料子配上简洁的裁剪,是最好不过的了。我愿多买几件,虽会荷包骤然消瘦,倒也不负恩泽。

元芳体

元芳体,源自《神探狄仁杰》系列电视剧。2012 年,"元芳,你怎么看?"成为公众在网络上表达诉求和质疑的经典句式。一些地方的政府机构也运用"元芳体"发表微博,提醒公众谨防受骗等。官方微博使用网络用语,相比于用刻板的语言教人做事,更引人关注,效果更好。其表达模式为:前面陈述一件事情,最后加上一句"元芳,你怎么看?"

舌尖体

2012 年,纪录片《舌尖上的中国》广受赞誉,并衍生出走红网络的"舌尖体”。就在该纪录片开播后不久,多个版本的“舌尖上的母校”出现在各大高校的 BBS 中。例如,“中国人民大学版”:“人大,这个北临海淀黄庄,西靠苏州街的小小校园,却拥有着其他高校望尘莫及的美食消费能力。这个仅 900 余亩的土地上,拥有着高校里最富戏剧性的美食价格。六块钱一杯的奶茶,七块钱一份的泡面,十五块钱一碗的羊肉烩面,十八块钱一斤的饺子……”

还有网友炮制出各个国家的“舌尖体”。例如,“德国版”:“入冬了,中部的图林根人民吃了一次图林根烤肠;南部的慕尼黑人民选择慕尼黑白肠;而距离不远的纽伦堡人民更加喜欢纽伦堡香肠;东边的柏林人民则将咖喱肠作为他们的餐食。”

一些销售家乡特产的网店已打出“舌尖体”的旗号,等着“吃货”们看完节目,到网络上搜索片中介绍的各地美食特产。在淘宝网店上,2 000 多种货物包含这个关键词,而“舌尖上的中国”已成为淘宝网搜索栏的自动匹配词:

“没有四川的中国也不叫中国啊,我的火锅、兔头、蹄花、回锅肉啊!”

“没有新疆的中国也不叫中国啊,我的大盘鸡、羊肉串啊!”

……

五、立异标新不冗繁——“微阅读”之文体

纵观中外文学史,每一次传播方式的进化都必然引起文体的演变。纸和印刷术发明以前,文学主要依靠口口相传。于是,出现了朗朗上口的押韵诗。印刷术的普及带来了小说的流行,而网络的便利则产生了网络文学,手机的普遍使用形成了短信文学,网络博客的出现衍生出博客文学,微博的产生和发展也催生了微博文学。

这些“新媒体文学”在发端之际就自觉或不自觉地引进了传统文学的

表述方式、修辞手段和习惯性话语，同时又形成了新的“微文学”写作特征，以适应“微阅读”模式。

因为，“微阅读”是一种典型的“眼球阅读”，写作上自然以吸引读者为第一要义。其写作内容贴近时尚，多是当前受众关注的问题；而其写作视角一般站在民间百姓的角度上，也多有过来人的经验之谈；在写作手法上注重营造趣味、设置悬念，跳跃性强，较少甚至没有关于人物性格、事件进程、环境场面等的细致描绘。

如今，“微阅读”模式已经成为激发新文体的动力，催生了一系列的新文体形态，大致可以分为资讯类、语录类、故事类、诗文类四种类型。

资讯类“微阅读”催生了“微资讯”，要求资讯内容更精、更短、更实用。因此，手机上“滚动更新式”的报道最适合这种阅读方式，可以形成具有互动感的阅读体验。有的新闻稿不必在开篇就完成新闻确认和评论，甚至无须交代清楚“5 个 W”；从一个粗糙的事件轮廓开始，随着调查的展开而不断求证、不断廓清，到最后恍然大悟：“原来是这样啊！”[1]

如今，人们常在旅途中、在车上翻看手机报，内中新闻每条不过百字，往往可以“秀才未出门，尽知天下事”。在这种“微阅读”模式中，人们以快速浏览来应对海量资讯。因此，标题的设计显得更加重要。往往标题设计得好，点击量就大增。“标题党”纷纷涌现，而智能手机的出现又加重了这个趋势。门户网站就专门订制了一个智能手机主页。许多标题更短小精粹，也更耸人听闻。

而较长的正文就须经编辑“裁剪”，将“长阅读”切分成“微阅读”，以迎合阅读趣味；并且要加导语，摘引言，核心观点变字体或加黑，功能性贴士也不可少。[2] 且看下面这则经过“裁剪”的“微资讯”：

---

[1] 江苇. 重要的是如何看待阅读[N]. 解放日报，2009-11-20(18).

[2] 闫肖锋. 微阅读时代[J]. 青年记者，2009，9(下半期).

2011 年,《中国经济周刊》发布的《2010 年中国地王图》数据显示,如果把北京的土地全部卖掉,可以制造出超过美国一年的 GDP 总量。而时至今日,这个数字已经把美国 2012 年的 GDP 远远地抛在身后。

美国《华尔街日报》曾总结出“激活大脑能力”的 10 个方法,而在手机报的报道中则须“裁剪”一番,如下:

用蓝色装饰环境。色彩心理学研究发现,看到两次蓝色物体,人的想法会更积极。

适当饮酒。社交活动中少量喝点酒更容易“灵感突现”。

做白日梦。爱做白日梦的人,各项创造力测试得分更高。

把自己想象成孩子。当一个人想象回到童年时,大脑更容易出现一些“稀奇古怪”的想法。保持童心,心理就不会衰老。

放声大笑。有人发现,当人们看完一段惹人发笑的喜剧短片后,能够比平时多解决 20% 的问题。

想象身处远方。想象自己在遥远的地方,人的能力更容易发挥出来。

少说晦涩的词语。如果总把一些专业用语挂在嘴边,思维也会不自觉地变狭隘。

换个工作环境。“环境影响心态”,换个地方,思维也许会大有不同。

到外面去。开放的世界给人开放的思想,大脑枯竭时,不妨到外面走走,让大千世界带给你灵感和创意。

去繁华的地方。美国圣塔菲学院的研究发现,在繁华的城市中,人的创意能增强 15%。不妨用“花花世界”刺激一下大脑。

语录类“微阅读”催生了“微语录”和“微评论”,可以用简短的言论引出热点人物、事件和话题,既趣味盎然,又增长见识,尤其适合“见缝插针”式的阅读。回想当年,雷锋同志在执行运输任务的途中,就经常借着驾驶室的灯光读几行《毛主席语录》。

而追溯起来,孔子可算是“微博语录”的开创者,《论语》则是最早的

"微博语录集":1. 每条论语都未超过 140 字;2. 言简意赅、寓意深刻;3. 较为碎片化,多为孔子晒心情,交流哲理;4. 互动性强,经常和子贡、颜回、子路等进行回复互动;5. 孔子拥有 3 000 多粉丝,其中 72 人为加 V 大号。

如今,越来越多的"微评论"见诸媒体。诸如《新周刊》每年的《年度语录》和《嘴上风暴——十年语录精选》一类的"语录集"总是热卖到不断加印。我们略举几例:

"限娱令后电视栏目只有一个出路:那就是严肃节目娱乐化。雅人妙论俗事是节目的最高境界。"——评论人石述思。

"这三十多年的财富分配是这样的:原来大家都没有,都是穷光蛋;后来慢慢都有了,于是都高兴;后来有人多了点,有人少了点,这也认了;再后来,有人拿走了全部,有人啥也没有,好吧,也咬咬牙认了;再后来,有人把明天的都拿走了。一个人对今天失望还可以寄望于明天,如果把明天也拿走了,他会干什么?"——著名财经作家吴晓波谈改革开放 30 年来社会财富的流向与分配。

"有评论说,嗟来之食也是'食'。陈光标的'暴力慈善'能够在争议声中大行其道,这才是我们应该反思的。陈光标式的慈善确实不完美,但如果指责者能够像陈光标那样行动起来,相信我们离走出'暴力慈善'那一天就不会太远了。"——《半月谈》杂志评陈光标的"暴力慈善"。

"地铁的魔力棒所到之处,地段似乎立马变得繁华,开发商视它为财富加速器,城市当局也以它为城市升级的驱动力。"——有媒体分析称,我国地铁处于"大跃进"阶段。从北京、上海到广州、沈阳、青岛,全国各大城市都处于地铁建设热潮中。

故事类"微阅读"以"微小说""微历史""微童话"等为代表,可以统称为"微故事"。如今,"微故事"已渐渐取代"大部头"小说成为许多年轻人闲暇时的阅读新宠。许多"微小说"的字数不过几百字,甚至少于 140 个字,但仍具有小说应有的文学元素。

其实，在短篇小说中，就有“微型小说”这一品种，又名小小说、袖珍小说、一滴泉小说。俄国作家阿·托尔斯泰[1]曾说过：“小小说是训练作家的最好学校。”蒲松龄创作的《聊斋志异》和纪昀创作的《阅微草堂笔记》并称清代文言小说“双璧”。这两部文言短篇小说集中都包含了很多篇微型小说，讲述了很多则“微故事”。

《聊斋志异》共有520篇短篇小说，题材非常广泛，多谈鬼怪、狐妖、人兽，以此来概括当时的社会关系。青年作家贾飞认为：现当代所有奇幻、玄幻、鬼怪故事所用的套路和手法都源于蒲松龄，《聊斋志异》堪称这类小说的鼻祖。

同时，《聊斋志异》成功地塑造了众多的艺术典型，人物形象鲜明生动，故事情节曲折离奇，结构布局严谨巧妙，文笔简练，描写细腻，艺术成就极高，堪称中国古典文言短篇小说之巅峰。

《阅微草堂笔记》共有1 208则故事，内容也极其丰富，搜集了各种狐鬼神仙的传说、劝善惩恶的寓言、村野乡间的怪谈以及作者耳闻目睹的诸多奇情轶事等；在地域范围上则遍及全国，西至新疆，南至滇黔，旁及南洋等地；语言质朴淡雅，风格亦庄亦谐，令人读来饶有趣味。

而“微历史”则成为讲述历史典故、古今传奇、民间轶事的新方式。我们下面列举两则手机报中的“微历史”：

北宋名臣吕蒙正乞丐出身

吕蒙正是北宋名臣，他小时候父母双亡，沦为乞丐，凄凉悲惨，所以，后人常常用“穷过吕蒙正”来比喻一个人穷困潦倒。吕蒙正在困境中发奋读书，后来做了北宋的中央高层干部。

吕蒙正在京城开封刚做副宰相时，有个家里有点钱的公务员在背后指

[1]阿列克谢·尼古拉耶维奇·托尔斯泰(1882—1945)：男，俄国著名作家，早年醉心于象征派诗歌的创作，出版诗集《抒情集》(1907)、《蓝色河流后面》(1911)等；之后，转向现实主义小说的创作，出版中篇小说集《伏尔加河左岸》(1911)和长篇小说《跛老爷》(1912)等，代表作为《苦难的历程》三部曲。

着他说："这小子是乞丐出身，他竟然也能在中央政府部门当官？真是搞笑！"吕蒙正听到了这句话，却假装没听到。

当时，吕蒙正的一个下属就气愤地对吕蒙正说："一定要追查此人，问他为什么要这样在背后说你的坏话。"然后，就要去调查那个公务员的官位和姓名，吕蒙正急忙阻止了。吕蒙正笑了笑，说："若是追查此人，知道了他的姓名，一定终生不会忘记，恐怕就会成为彼此一生的怨恨，倒不如不知道来得干净。再说，他说说，对我又没有什么损害，还是不追查为好。"听了吕蒙正的这番话，下属都很佩服他的胸怀和大度

俗话说："恩情易忘，怨恨难消。"吕蒙正这样做，目的是把怨恨拒绝在心灵之外。记恩不记怨，需要宽容和雅量，这是一种大智慧，吕蒙正就有这种大智慧。

谁杀死了抗日美女特工？

海上画派大画家任伯年有个孙女任黛黛曾是旧上海的红舞女，也是一位不为人知的"抗日烈士"。1937年底，日本侵略军占领上海。实业家、小说家、诗人、书画家和收藏家陈定山在当年并没有离开上海，心中异常郁闷。朋友就劝他不妨去"米高梅舞厅"坐坐。

陈定山走进舞厅时，任黛黛正在和日本宪兵队的大队长热烈地跳舞，就在他准备离开时，任黛黛就从后面追了出来，对他说："伯伯，我还要请您写一篇文章。"陈定山婉言谢绝道："下次来，再说罢。"此前，因与任黛黛的父亲任堇叔有过交情，陈定山曾帮她写了一篇《任伯年百年纪念展览画册序》的文章。从此之后，陈定山再也没有见到过任黛黛。

1942年秋天，任黛黛被人杀害在当时上海著名的"三大饭店"之一的扬子饭店的客房里，发现时已遇害多日。明眼人一看就知道是日本"皇军"所为，所以无人敢去深究。

陈定山在知道了任黛黛的死讯后，并没有感到特别的意外。后来通过他的妹妹女诗人陈小翠得知，任黛黛原来是当时重庆军统特工人员，她其

实已加入军统组织，受命伺机刺杀日军宪兵队大队长杉原，但可惜后来被日本情报机构提前侦破而遇害。她见陈定山从日军宪兵队出来后，就想方设法去接近他，可能也想让陈定山做某些事情。但陈定山不知实情，而一直予以峻拒，所以任黛黛的“公关”任务并未成功。

陈定山知道实情后大为懊悔，自责不已。在抗日战争胜利后，陈定山通过自己的“人脉”关系，曾向有关方面口头提出要追认任黛黛为“抗日烈士”，但有关方面却以任黛黛没有“番号”和“尺谱”为理由而不予受理。1948 年左右，陈定山离开上海赴台湾定居。最后，他含泪写了一篇《任黛黛之死》的文章，发表在当时台北《中华日报》他的《春申旧闻》专栏上，完成了自己一生中对人承诺时间最久的一篇文章。

诗文类“微阅读”的成分凌乱复杂，以“微百科”“微诗体”“微帖”最具代表性。其中，“微百科”在普及百科知识方面，效果显著。且看下面这则“微百科”：

俗话说，酒后误事。可在《水浒传》里，频频误事的却是一种药：蒙汗药。任你青面兽杨志再神勇，一口下去也得乖乖躺倒。其实，蒙汗药乃是用曼陀罗花制成，多见于我国西南。并非无解，甘草汁是它的克星。

“微诗体”往往以改写和模仿“诗词曲联”的形式，对当代生活中的人事情景进行调侃、戏谑或讽刺。例如，下面这段“小品版微诗体”：

人生得意须尽欢，过了山海关都是赵本山。问君能有几多愁，树上骑个猴，地下一个猴。众里寻他千百度，没病你就走两步。天苍苍，野茫茫，我十分想见赵忠祥。红酥手，黄藤酒，大爷，这个真没有。书中自有黄金屋，不是大款就火夫。安能摧眉折腰事权贵，反正十块钱儿的，都是你消费。

“微帖”又名“微型帖子”或“微博式帖子”，在传播效果上较为突出的是具有讽刺性的各种笑话。我们列举两则：

一位大爷拿卡到工行准备取 1 000 元。营业员：“大爷，3 000 元以下请到自动取款机上取。”大爷:“我不会用啊!”营业员:“3 000元以下柜台不办理的。”大爷好话说了半天营业员还是不同意。大爷:“那我取5 000元!”营业员:“早说嘛!给您钱!”大爷:“我存4 000元!”营业员:“……”

昨天晚上,妈妈正在睡觉,忽然听到异常声音,妈妈惊醒。完了!完了!妈妈想进来的不是小偷就是强盗!可妈妈转念一想又不害怕了,知道为什么吗?——反正钱都买房子用了!

“微阅读”以短小、迅捷的文本吸引读者,不需要太多的背景铺垫,也不需要过多的感情投入,甚至不需要阅读经验的前后连贯,可以营造出一种令人倍感舒适的阅读氛围。[1]同时,又满足人们对信息的需求和对娱乐的渴望。也正是在读者广泛的基础上,一系列立异标新的“微阅读”文体才拥有了成长的沃土。

六、扬长补短莫求全——“微阅读”之争议

喧嚣一时的“全民阅读立法”已被列入2013年国家立法工作计划。专家认为,全民阅读是一个系统工程,设立国家级的全民阅读条例以规范和保障各类阅读活动非常必要,其法律化意义重大。

然而,立法并不能解决关于阅读的所有问题。如何看待和进行阅读,才是首要问题。同样,对于“微阅读”的争议,其实也主要集中在两方面:其一,是“微阅读”会否成为“深度阅读”的障碍;其二,是“微阅读”的内容能否纳入到文学范畴内。

对于“微阅读”的质量,许多人颇多质疑。因为,阅读载体的改进和阅读量的累积未必能提升阅读质量。“学富五车”常被用来形容学识渊博之人。其实,那厚厚一堆“竹简”的字数未必抵得了如今一两百页的薄薄小

[1]井姑娘.“阅读量”不等于“阅读质量”[N].解放日报,2009-11-20(18).

书。但古时的一本经典书籍，往往耗费圣贤数载乃至毕生心血。一旦成书，多为经典；流芳百世，不失华彩。因此，虽文字不多，但每卷、每段甚至每句，皆需费尽脑力来用心阅读，甚而反复阅读、用一辈子阅读。[1]

但如今的“微阅读”远达不到这种境界，却可以在无形中消解深度阅读所需的沉潜心态。而人们智慧的成长并非取决于单纯的信息量累加。“阅读目的也不会因阅读手段的变化而发生质的改变。虽然在阅读目的上，可谓仁者见仁，各取所需，然而不能否认，其中十分重要的部分是，阅读不仅仅有助于我们的工作和事业，更重要的是与我们生命的融合，相伴我们心智的成长。”[2]

人们很难在方寸屏幕上阅读长篇小说和散文、深度报道、科普作品等。因为你未必能记得到底是谁说了一句露马脚的话，招致大侦探波罗的怀疑；你也不大能把荷塘月色的静谧心情保持到下一个地铁站；你更不可能几次三番整理头绪来把电解质在水溶液中的反应搞清楚。[3]

许多专家和学者一提到流传百年的经典名著沦落到“死活读不下去”的境地，都不禁忧愤难平。有专家指出，读名著不只是读书，名著所关怀和弘扬的，是具有永恒性的东西，虽然这样的内容其实并不完全被读者所“待见”。作家王蒙更是批评道：“《红楼梦》都读不下去是读书人的耻辱！”

2011 年，一本外国人所著的《低智商社会》就“发现”：在中国城市里，书店寥寥无几；而读书的人，要么读商道厚黑，要么读成功秘籍；真正手捧名著经典细细咀嚼的，寥若晨星，其景可凄。

对此，文艺评论家解玺璋认为，读书人要多读经典，要有“通古今，达中外，能为世益者”的抱负，对内能够完善自己的人格，对外能够推进社会的进步；至于读经典之诀窍，“别无他法，唯有一字一句认真读下去”。正如

[1]宁波.“微阅读”或可催生当代经典文体[N].解放日报,2009-11-20(18).

[2]江苇.重要的是如何看待阅读[N].解放日报,2009-11-20(18).

[3]曹洛洛.“微阅读”=绿色阅读[N].解放日报,2009-11-20(18).

《瓦尔登湖》的译者徐迟在其译本序中开篇第一句话中的提醒:"你也许最好是先把你的心静下来,然后再打开这本书,否则你也许会读不下去……"[1]

其实,"深度阅读"永远无法被替代,专家、学者以及对某些领域极感兴趣的阅读者仍将选择"深度阅读"的方式。而"微阅读"只是提供了过去没有的一种阅读方式,当然不适用于所有文本。

阅读多样化的时代中,对于不同的文本和资讯,可以采取不同的处理方法。短小、碎片式的资讯,如快速更新的新闻、轻松浅显的小说,我们可以利用碎片时间获取。在地铁里阅读手机报,在等待的间歇用手机上网看新闻,用 i-Touch 看最近流行的职场小说。但却不能随时随地阅读类似《剑桥中华民国史》这样的严肃书籍,更无法想象,有人能够在手机上啃完《资本论》这样的皇皇巨著。[2]

对于"微阅读",我们无须求全责备,只须扬长补短。虽然"微阅读"不能替代其他阅读方式,但完全可以成为人们通向"深度阅读"的一座"桥梁"。一些结构宏大、蕴含深刻的作品,无法在短时间内消化。"微阅读"却可以起到导语作用,引导读者产生兴趣;将来在某个时段静下心来,用完整的时间去捧读经典。

上海市少年儿童研究中心主任杨江丁认为,每种阅读方式都存在同样明显的优势与劣势;"微阅读"的量永远替代不了"深度阅读"的质量,但"微阅读"与"深度阅读"却可以优势互补。[3]

阅读是获取信息的方式,方式必然随着科技的发展而发展。就像唱片业的磁带、CD、MD、MP3 等,介质在变迁,但到头来"听"的终端没有变。阅读也是如此,有大开本,有小屏幕,有只言片语,有长篇大论,不过是各有

---

[1]刘昆,张林涛.读书本是快乐事　名著经典,"死活读不下去"?[N].光明日报,2013-10-17.

[2]武霖斯.欢迎进入阅读多样化时代[N].解放日报,2009-11-20(18).

[3]苏军.少儿微阅读口味偏娱乐[N].文汇报,2012-04-24(7).

所取。

所以,对于“微阅读”,不必谨“小”慎“微”。它不过是带给人们另一种选择。你可以在拥挤的车厢里一面抓牢扶手,一面看着手机;也会在某个惬意的下午来杯卡布奇诺,一页一页品闻书香。[1]

那么,“微阅读”创作能否纳入到文学范畴内呢?

中国当代诗人、作家北岛认为,网络上充斥着快速、粗糙甚至是密码式的文字,造成了语言的混乱;如今汉语也受到了新媒体的冲击。所以,“网络只适合当媒介,不足以成为文学的载体”。

的确,文学作品必有其写作规范,包括标点符号的使用。如果歧义丛生,又何谈文学呢?例如,某人外出打工,给父母写了一封未加标点的信。父母看后,一个哭了,一个笑了。哭的人是这样读的:“儿的生活好痛苦,一点也没有粮食,多病,少挣了很多钱。”笑的人则读成:“儿的生活好,痛苦一点也没有,粮食多,病少,挣了很多钱。”

如今,国内“微阅读”的内容写作确实还有待规范,但在国外早已渐成潮流,并侵袭着传统纸质出版业。英美等国的一批作者早已抛开出版商,自行把作品标价后在网上直销。每本书的版税甚至可以达到售价的七成。当然,提升销量也并不容易。有一项调查显示,超半数网络小说写手一年内靠“自写自销”实现的收入不到310英镑。文笔和内容也良莠不齐。

而在中国,“微写作”已在学生群体中扎下根基。每年高考题目中,最受社会关注的当属作文题。随着微博的盛行,大批才华横溢的“高考微作文”在网络上涌现。写作者在140字里对各种话题进行解读,或妙趣横生,或愤世嫉俗。

2010年,微博崛起,许多网友开始以140字以内的“微作文”抒发情感,记录生活的点点滴滴。例如,“今天我打开电脑看中国股市,又是绿的”,就是江苏高考作文题《绿色生活》的一篇“微作文”代表作。

---

[1]何林.阅读不必谨“小”慎“微”[N].解放日报,2009-11-20(18).

2011 年 6 月 7 日，部分省份的高考作文题公布；至 8 日上午，网友们在微博上关于高考作文题的互动热情愈来愈高。诸多门户网站的官方微博及媒体微博都陆续组织网友围绕高考作文题来写作 140 字的微博作文。

据某网站教育频道统计，自高考作文题陆续公布后，该频道就发起了写 140 字“高考微作文”的活动。此后的 7 个小时内，其微博上已有近 3 万网友针对各地区的高考作文题“舞文弄墨”。

另一家网站教育频道统计，自高考作文题公布后，第一时间发起了写 140 字“高考微作文”的活动；2011 年 6 月 8 日上午 10 时，其微博上已有 7 万网友针对各地区的高考作文题“舞文弄墨”；同时，网友们还积极地给微作文打分，过了一把阅卷教师的瘾。

一名网友就将全国部分省市高考的作文题串联成一篇小文章：

为了“坚守梦想”，我“拒绝平庸”，因为“总想有一种期望”在“我的时间”里“期待成长”。我“行走”在“绽放”着美丽之花的“风光”中，点击“旧书”中那些“与大自然的悄悄话”。

终于，我“回到原点”了，要问我“如何看待高晓松酒驾案”，我只能说“谢谢大家，你们来了”，当然，“一切都会过去”……

在新浪微博平台上，最受欢迎的考题是全国 I 卷的《有鱼吃还捉老鼠》。猫为什么不放过老鼠呢？一千个网友心里有一千个答案。有网友写道：

余一肥猫，居秦地，岁 3 年，容美讨人喜。主为乡绅，财颇余，家居百间，然鼠患尤甚。主夫怜其甚，餐有肉，食有鱼，余不为三食而忧。久之，贼鼠猖狂，余见而不闻。岁末，主夫大寿，宴请乡邻，其一乡邻易主夫夜光珠，夫爱之甚，置余贵室。夜，贼鼠撺掇，碎之。亮，夫杀余剁之。

美国《时代》周刊也关注到中国网络文学的蓬勃发展。中国网民数量庞大，从农民工到官员，再到家庭主妇，乃至警察，都已经在网络文学领域小试身手。数十万业余作家正在通过在网络上发表系列小说而获得不错的收入。一部网络小说的售价可以低至 30 美分，而且读者往往只需要为一本书的后半部分付费。然而，由于有数亿中国人利用手机、平板电脑和个人电脑阅读网络小说，其累积起来的利润还是很可观的。

无论你见或不见、愿或不愿，我们如今都已进入这个“网络凯歌唱，纸媒泪千行”的时代。甚至已经有网友总结出了“买报盈利”的经验：“我妈年初订了两份报纸，共花了 180 元。到年底的时候这两份报纸卖废纸共收入 206 元，折合年化收益率为 14.4%。这可比银行存款利率和 CPI 的涨幅都高不少。估计就算炒股也不会比这个收益率更高。”

这就叫作“长江后浪推前浪。”而“微阅读”正是时下屹立于潮头的阅读理念和方式。如果你还认为只有“伏案览卷”才是阅读，那你就真的 out 了[1]！我们只能奉劝：“睁开眼睛，跟上时代吧！”

[1]“out 了”属于网络语言，是“out of time”的简写，意为“落伍了”“跟不上潮流了”。

第三回　“微”笑人间

——“微视频”列传

一、自娱自乐千帆竞——“微视频”之热潮

二、多彩多姿万象生——“微视频”之类型

三、化蛹成蝶巧筑梦——“微视频”之升华

四、为有源头活水来——“微视频”之源泉

五、平易近人胜春风——“微视频”之传播

六、繁花似锦转头空——“微视频”之反思

在“微时代”的众多娱乐景观中，包罗万象的“微视频”呈现着丰富多彩的人间情趣，为人们带来无尽的欢声笑语。所谓“微视频”，泛指播映时长很短的视频短片，一般时长在20分钟以内；尤其是播映时长在5分钟以内的“微视频”，适合于所有视频终端浏览和展示。

优酷网总裁古永锵曾解释说：“微视频是指短则30秒，长则不超过20分钟，内容广泛，视频形态多样，涵盖小电影、纪录短片、DV短片、视频剪辑、广告片段等，可通过PC、手机、摄像头、DV、DC、MP4等多种视频终端摄录或播放的视频短片的统称。‘短、快、精’、大众参与性、随时随地随意性是微视频的最大特点。”

如今，所有视频制作的爱好者都可以将自己制作的“微视频”上传至网络，与大家分享。正是社会大众的广泛参与，开启了“微视频”欣欣向荣的繁盛局面。

一、自娱自乐千帆竞——“微视频”之热潮

微视频起源于电视媒体，勃兴于新媒体，如今主要泛指网络微视频。网络微视频是一种以流媒体为播放格式的短小的声像文件，由网络视频服务商提供，以电脑或者移动设备为终端，可以在线直播或点播。

视频技术基于电视的标准和基于计算机的标准，被试图从两个不同的方面来发展视讯技术；而这两个领域又有交叉和集中。最早的视频技术是从阴极射线管的电视系统的创建而发展起来的，泛指将一系列的静态图像以电信号方式加以捕捉、记录、处理、存储、传送与重现的各种技术。

之后，新的显示技术的发明，使视频技术所包括的范畴变得更大；如今已经发展成为各种不同的格式，可以经由不同的物理媒介传送：在视频被拍摄或以无线电传送时为电气讯号，而记录在磁带上时则为磁性讯号。视频画质实际上随着拍摄与撷取的方式以及储存方式而变化。

网络技术的发达也促使视频的纪录片段以串流媒体的形式存在于因特网之上并可被电脑接收与播放。电脑能显示电视信号,也能显示基于电影标准的视频文件和流媒体。伴随着运算器速度的提高、存储容量的提高、宽带的逐渐普及,通用的计算机都具备了采集、存储、编辑和发送视频文件的能力。

网络微视频以 WMV、RM、RMVB、FLV、MOV 等视频文件格式传播动态影像,一般需要独立的播放器进行播映。而在众多的流媒体格式中,FLV 流媒体格式主要是基于 P2P 技术,其文件小、占用客户端资源较少,成为网络视频的主要文件格式。

"微视频"之"微",主要在于其"短、快、精"的特点,适合人们在短时休闲状态和移动状态下观赏,符合现代社会快节奏生活方式下的网络观看习惯和移动终端特色;既与传统影视内容形成充分互补,又满足了人们的自主参与感,带给人们随时随地随意的视听享受。

北京大学新闻与传播学院副教授胡泳认为:"在'微时代',媒体的表现因人们消费媒体的需要而不断改变。当人们面临日益加快的生活节奏和获取更多信息的需要时,我们希望以最短的时间获取最多的信息。"[1]

如今,随着中国网民数量的急剧增长和智能手机的普及,"微视频"再度掀起热潮。其中,微电影的发展更是如火如荼。市场上开始出现各种相关产品,创业者和投资者们也渐渐将目光投向了这个领域。

近年来的"微视频"热潮有着鲜明的特色,即移动化和社交化。智能设备计算能力的提高使通过手机进行视频的拍摄、编辑变成现实。而微博和脸谱(facebook)等社交产品也培养和激发了人们分享与交流的需求。因此,能够有机地将社交、移动和微视频三者联系起来的产品大受欢迎。

---

[1]参阅崔兆倩:《浅析微电影的现状及发展》,来源:《新闻爱好者》,http://news.xinhuanet.com/zgjx/2012-03/27/c_131492410.htm。

如今，网络视频已经超越传统互联网的看新闻、发电邮、获取行业资讯等“老三样”应用，跻身于仅次于音乐、网上聊天的“新三样”互联网应用。[1] 而微视频的制作和传播则是网络视频文化的主流。具体而言，“微视频”热潮是在四方力量的共同推动下形成的，即民间影视爱好者、新媒体播映平台、视频广告制作商、影视界专业力量。

“微视频”兴起于草根，其制作、上传和浏览的主体主要是年轻人。这些短小精悍的微视频利用新媒体平台来进行播映，不需要投入太多成本。在“人人都是导演、人人都是主角”的网络互动时代，只要创意精彩，通过简单的一台 DV 或一部手机，每位影视爱好者都可以展现自己眼中的世界。

而以 youtube、优酷等为代表的视频网站多年以来一直以用户上传的视频内容作为主要节目源。这也在很大程度上弥补了银幕与荧屏的空间不足，成为许多年轻人尝试影视摄制的最佳途径，更能促进中国影视业的可持续发展。

自从新媒体播映平台兴起以来，网络和各种移动终端已将集中在电影院里和电视机前的观众人群逐步打散。在媒体多元化的当下，人们的观赏习惯也经历了明显的碎片化过程，有更多的年轻观众流入网络。最近的一项研究数据显示，中国的 4 亿多数字媒体用户通过电脑和移动设备观看视频的时间已经多于电视。

在中共十七届六中全会上和《国家“十二五”时期文化改革发展规划纲要》中也都强调，要加强新兴媒体建设，制作适合互联网和手机等新兴媒体传播的精品佳作。可见，中央的方针政策也是鼓励和支持业界在新媒体播映平台上注入新鲜血液。

---

[1]《网络视频市场规模预测分析》，来源：中商情报网，http://www.askci.com/news/201308/23/239231533297.shtml。

但实际上，新媒体播映平台一直面临着严重的"节目荒"。近年来，长视频市场的格局发生了翻天覆地的变化。各大视频网站纷纷炒作和竞购电视剧、电影、综艺等长视频的版权，使该市场成了竞相追逐的红海，也因此出现了不少泡沫。

2010 年初，网络独家首播电视剧的价格每集不过 1 万元，但到了下半年每集价格已涨到 15 万元。2011 年的涨幅更是以平均每月数十倍的速度计算。《新还珠格格》《后宫》《王的女人》等大部头电视剧的价格都超过 2 000万元。一年时间，竟达百倍增幅。

面对影视界"5 年翻千倍"的版权费用，新媒体播映平台急于脱离这种残酷的巷战。而用户上传的大量"微视频"内容往往以个人分享为主要目的，虽然内容多样、数量庞大，但是在品质、版权等方面却存在着先天缺陷。

为此，各大视频网站纷纷加大投入力度，征集或制作优秀的"微视频"作品。并称"中国四大门户网站"的新浪、搜狐、网易、腾讯都迅速制订了各自的"微视频"营销推广战略。凤凰、百度等门户网站也争相开通了"微频道"。

2012 年，"限娱令"[1]"限广令"[2]等一系列政策措施的执行，更使得新媒体平台的价值大幅提升。各大视频网站愈加受到广告商的青睐，趁势出击，承接"产业"转移；其收入大幅增加，大有与传统播映机构并驾齐驱之势。

同样，中国国家广电总局的一纸"限广令"也将无数视频广告制作商赶上了网络微视频制作的大道。取消插播广告当然会带来收视率的提升。

---

[1]"限娱令"：2011 年 10 月 25 日，国家广电总局下发《关于进一步加强电视上星综合频道节目管理的意见》，要求各卫视频道（34 个上星综合频道）从 2012 年元旦起，在 19:30—22:00 的黄金时间，每周娱乐节目总数不能超过两档，选秀节目数量也将严格受限，防止过度娱乐化和低俗倾向；各台必须设一档道德建设类节目，提高新闻类节目与道德节目的播出量。

[2]"限广令"：2011 年 11 月 28 日，国家广电总局下发《〈广播电视广告播出管理办法〉的补充规定》，要求从 2012 年 1 月 1 日起，全国各电视台播出电视剧时，每集电视剧中间不得再以任何形式插播广告。

更为优质稀缺的广告时段提供不断增长的市场需求,广告费用也自然被推高。多家卫视在 2012 年的广告招标总额都达到多年来的最高点。业内人士称:"2012 年的广告价格平均有 10% 的价格涨幅。"[1]

面对天价的时段和有限的效果,众多视频广告制作商只得另辟蹊径,寻觅商机。"微视频"在这个节点上开始受到更多企业的关注,被放在可选之列。在 2011 年的央视刊例价格表中,黄金时段 30 秒的广告价格已接近 30 万元。这足以拍摄一部时长 10 分钟的品牌广告类"微视频"。

同时,企业的推广策略也在随之调整。企业的广告宣传在过去是讲给所有人听,而如今则需要讲给想听的人听。因此,"微视频"中的"微电影"成为影视艺术与商业广告重合处的新事物,其广告效应不断吸引外部资本的加盟。很多企业都会拿出一部分预算来拍摄微电影。

微电影《一触即发》(2010 年)为凯迪拉克积聚了人气。三星、百事等一线品牌也相继投资拍摄品牌微电影。视频网站上的点击量动辄几百万,而发行成本几乎可以忽略不计。这些制作费用无疑是物有所值。

面对"微视频"的热潮,掌握丰富资源的影视制作公司也绝不会等闲而观。小马奔腾等公司已与新浪网合作,开始涉足微电影领域。盛大集团旗下文化传播公司"华影盛视"也制订了"一周一部微电影"的战略。

中国电影集团与搜狐视频则于 2011 年在影视作品制作与发行领域展开全面合作,并共同启动"7 电影计划",集结刘烨、黄渤、王学兵、黄磊、吴秀波、李光洁、张默七位男演员来跨界执导 7 部微电影。

这七部微电影包含了青春、爱情、科幻、悬疑、都市、黑色幽默等多种题材,从不同角度来讲述关于"成长与勇气"的故事;由专业团队编写剧本、负责制作,并运用高清拍摄手段,时长皆在 30 分钟左右,最后通过网络与院线双通道发行。

---

[1]《微电影潮涌》,来源:《商业价值》,http://money.163.com/12/0108/09/7N83G00J00253B0H.html。

影视界专业力量的加入，使源自草根阶层的"微视频"又具备了专业化的高端气质。"微电影"日渐呈现蓬勃之势。从姜文执导的《看球记》(2011 年)到范冰冰主演的《不跟随》(2011 年)，精良的制作团队与一线明星合作，作品一经上映便会在微博和视频网站上掀起点击热潮。

专业化的制作使"微视频"的质量得到迅速提升，点击率也就随之增长，其版权也便显现出商业价值，使多方利益寄托其上。从制作到播映，各方力量在"微视频"的价值链条中整合重组，共同缔造着微视频的"黄金时代"热潮。在网络视频广告主流化的趋势下，预计网络视频市场将在未来几年实现飞跃式增长，整体市场规模(主要包括网络视频广告和其他增值服务)有望于 2014 年接近 200 亿元。[1]

但是，客观地讲，微视频的发展景况还远不及微博。究其原因，无非两点：

其一，是质量问题。

由于微视频门槛低，所以必然鱼龙混杂。随着市场行情越来越热，一些格调低俗、充斥暴力、渲染色情的微视频逐渐涌现于网络，产生了严重的负面影响。尽管各制作方和播映平台也有自己的审片制度，但为了吸引观众眼球、赚取点击率，依然存在碰触底线的行为。而且微视频在新媒体播映平台的免费播映，使之很快就被各种商业内容所紧紧包裹，其内容质量必然受到很大影响。

其二，是盈利问题。

微视频在产量猛增的同时，实现盈利的相对较少。就微电影而言，目前除了常规的广告植入和赞助商鸣谢以外，也基本没有其他的广告模式。微视频受到青睐，依靠的是其受众的广泛性；衡量标准就是网络点击率。

---

[1]《网络视频市场规模预测分析》，来源：中商情报网，http://www.askci.com/news/201308/23/239231533297.shtml。

因此,“微视频”作品要在竞争中取胜并实现盈利,就必须依赖专业化的营销宣传。这是“微视频”热潮下亟待完善的又一重要环节。

在提升微视频质量方面,国家广电总局和国家互联网信息办于2012年7月9日联合下发《关于进一步加强网络剧、微电影等网络视听节目管理的通知》,要求:互联网视听节目服务单位按照“谁办网谁负责”的原则,对网络剧、微电影等网络视听节目一律先审后播;行业协会要组织开展行业自律。

此项规定发布后,各播映平台均表示将加强审片力度。其实,各视频网站对上线的视频作品,早已执行审片制度,纷纷建立各自系统的审查体系,以人工审核的方式,鉴别视频内容是否有违国家法规。

例如,优酷网大约在2009年成立了相关审查小组,约百余人。优酷网总编辑朱向阳介绍说,优酷的自制节目在选题阶段就有选题审查委员会,在选题上就开始把关,节目成篇后也会转到审查委员会、内容审查小组进行审看,通过后才能发布。

土豆网旗下也有专门的安检部门。他们的工作职责就是逐一查看网站里的内容,遇到有违国家法规内容的视频做删除处理。不过,有内部员工直言,若是遇到似是而非的视频,他们并不会进行特别处理。

在对待视频作品上,视频网站和电视台的态度存在很大不同。以电视台为例,审片小组除了把控节目整体方向,还会对音画同步、人物衣着裸露镜头、字幕、声音平衡等诸多细节进行监察。然而,视频网站的监管仅仅是对大方向的把控而已,不可能做到那么细致。

中央电视台副台长高峰表示:“微电影对电影文化的普及和提高起着很大的作用,所以很值得人们一起来支持微电影。……其次,作为新生事物和形式,微电影目前还比较混乱,急需出台一些规范。毕竟,微电影和

DV 是不一样的,微电影还是要讲究电影的那种美感和艺术气息。”[1]

合润传媒公司董事长王倩认为,微电影之所以称为电影,一定要以电影般的专业和精良制作来界定。“我认为首先应当树立起一个精而不滥的行业标准。……从产业的长远发展来看,像时长、成本、制作步骤等标准是一定要先期确立下来的。”

许多专家表示:“除了呼吁政府部门的监管,还需要提倡行业自律。”制作弘扬主流文化的作品是业内所有成员应当达成的共识。

在促进微视频盈利方面,合润传媒公司董事长王倩认为,国内的所有微电影制作商还需要继续积累,并逐渐培育出一批能够成熟运作的专业团队。“就产业化运作来说,我们还是要用专业的人来做专业的事。”

对于传统电影来说,票房是其主要盈利渠道。整个产业链也为此建立了一整套游戏规则和分账模式。而新兴的微电影要形成一条产业链并运转顺畅,也需要一个长期的探索和磨合过程,从而建立起稳定的盈利模式。

为了打造优质作品,合润传媒公司与新浪联合出品的系列微电影《@爱》在资金、人员、设备的投入上都加大力度,并由《武林外传》的编剧宁财神担任总顾问。该系列分为《安娅的自白》《一见钟情》《起死回生的爱》等 10 部作品,讲述了 10 个爱情故事,代表 10 种 80 后的爱情观,单集的制作成本约在百万元以上。

王倩介绍说,合润传媒在微电影商业模式上的探索已经有了突破;通过版权经营,目前已经能实现盈利;特别是渠道对于优质内容的需求越来越大,未来版权的开发空间更为广阔。

可见,在完善创意和确保质量的前提下,高投入的微视频也可以获得良好的经济效益。华影盛视首席执行官赵雨润说:“视频网站的可选择渠

[1]《首届中国微电影大典启动　多部委聚焦影视新平台》,来源:电影网,http://v.ifeng.com/view/detail_2012_04/17/13954370_0.shtml。

道太多了,他们现在缺少的就是流量。这个市场几乎是无限大的。”

据艾瑞市场咨询的最新研究报告显示:2011 年中国在线视频行业市场规模为 62.7 亿元,版权资源仍是竞争重点。预计 2012 年视频行业版权市场将更加活跃,市场规模将实现翻番,达到 126.3 亿元。在这样的背景下,微电影版权销售在其中或将大有可为。专家估计,中国微电影产业价值将在未来五年内达到 100 亿元以上。

此外,微视频的生存空间也绝不仅限于网络媒体。凯迪拉克定制的微电影《66 号公路》(2011 年)的网络播映版时长 90 秒,剪辑成 30 秒的时长后投放到电视台播映,再以此将观众吸引到互联网,从而在不同媒介用户中实现效果整合。

百度出品的首部微电影《树苗哥》(2012 年)则作为陈凯歌执导的电影故事片《搜索》的贴片,于 2012 年 7 月进入院线放映。该片讲述了一位贫困山区的村主任——“树苗哥”通过百度网将村里的树苗推销到全国各地、带领村民走上致富道路的真实故事。

网易娱乐总监王尔冈认为,对微电影内容的趣味性和观赏性的开掘仍有很大潜力。微电影在与商业推广的诉求结合之余,还有更大的发挥空间。各种不同模式要积极尝试。这样会有更多形态的好作品来丰富微电影市场,最终使微电影市场形成一个明晰的发展空间。[1]

然而,如何建立完善的行业标准,使“微视频”在可持续发展的道路上快速成长,是一个需要长期思考的问题。“以整合平台资源为基础,以量身定制为主体,以优质内容为保障,以明星话题为亮点,以传播主流价值观为核心,以系列传播为形式,应当是这一行业做大做强的正确发展方向。”[2]

---

[1]《微电影商业化不等于长广告》,来源:网易娱乐,http://ent.163.com/12/0521/14/821LJPT500031H2L.html。

[2]《年轻的“微电影”如何发展成长?》,来源:新华网,http://news.xinhuanet.com/newmedia/2012-03/29/c_131495866.htm。

二、多彩多姿万象生——“微视频”之类型

广义的“微视频”包括通过网络进行播映的影视节目片段及片花、微电影、微新闻、微综艺节目、FLASH 动画、纪实短片、视频剪辑、视频广告、音乐 MV 等各类视频节目。我们可以将这些参差不齐的“小短片”大致分为微故事片、微纪录片、微广告片、微剪辑片以及微专题片、微音乐片等类型。

所谓“微故事片”,是以影像和声音为表现手段来进行叙事的一种演剧形式的短小视频节目,具有一定的故事情节,表达一定的主题思想,并由演员来扮演人物角色。“短小精悍”的微故事片同样具备基本的故事情节和完整的主题思想,需要依靠成熟的创意策划和系统的制作体系来完成;通过视听元素的组合来呈现给观众,讲述一个精彩有趣的“微故事”。

通过视频网站提供的在线视频播放服务,网民可以观看到来源各异的“微故事片”:一种是原创的网络短剧,如“筷子兄弟”创作的《老男孩》《父亲》等;另一种则是通过网络播映的电影故事短片[1]或电视短剧。

例如,在 2013 年荣获美国奥斯卡最佳动画短片奖的《纸人》(2012 年)仅有 6 分钟的时长,于 2012 年 11 月 2 日在迪士尼出品的动画长片《无敌破坏王》上映时作为“贴片”进行放映。而该片在网络上播映后,其艺术水平更是广受赞誉。

该片天衣无缝的结合了手绘动画和 CG 电脑动画,是一部黑白片;讲故事的手法很熟练,故事的起转承接也恰到好处,讲述的是:21 世纪中叶的纽约,一个男人在上班途中偶遇一名美丽女子,本以为这只是一面之缘,

[1]电影短片的时长在北美通常介于 20~40 分钟,美国电影艺术与科学学院将其设定在 40 分钟以内;而在欧洲、拉美和澳洲则可以更短一些。

谁想到那个女子就在他办公室街对面的那幢大楼里。凭借着一摞纸、一颗真心、想象力还有好运气，这个男人开始了吸引对面女孩注意力的努力。

该片具有《红气球》的拟人做法，把“纸飞机”变成有意志的“角色”，推动了情节的发展。最大的特点是全片黑白，只有女主角的嘴唇是红色的。全片也没有对话，只在后半部分有音乐的烘托；但 6 分钟的时长却能将观众的情感一次次带入其中。

微纪录片以真实生活为创作素材，以真人真事为表现对象，记录现实社会中细微的生活点滴或再现真实的历史片段和人物经历，从而引发人们的思考。其核心价值就是真实，往往采用现场录制方式来记录生活片段，具有真实性、新闻性、艺术性、思想性或原生性。

微纪录片是顺应传播媒体的发展和变化，由传统纪录片发展而来，继承了传统纪录片所有的元素和特性，尤其适应于网络、手机等流媒体传播。事实上，网络上很早就有不少“微纪录片”式的微视频，记录着社会生活和时代精神。随着网络、手机等流媒体的迅猛发展，文化市场需要大量的精短的影像，反映和再现瞬间的历史和正在发生的事件。

相较于传统纪录片，微纪录片具有传播及时的优势。人人都可以是记录者，人人都可以是片中人，人人都可以是亲历者，是其蓬勃发展的一种影像趋势。而微纪录片的拍摄节省时间，制作费用低廉，时长短（往往在 5 ~ 25 分钟），更适合快餐文化的观赏要求和心理。其通过浓缩的篇幅和精短的内容，可以以点看面，是真正意义上的“草根影像”。

微纪录片可以由专业人士采用标准化的影视制作手段来完成，也可以由业余人士通过简易的拍摄设备来制作。只要有拍摄设备，甚至是一部手机，就可以做编导、制片人和出品人。

微广告片以广告宣传为主要目的，将品牌形象、产品功能、价值观念与故事情节巧妙结合，通过精彩的视听效果来达成与观众的情感交流，使观众形成对品牌、产品或价值观念的认同感；可以在各类媒体平台上播映，主要分为商业类微广告片、公益类微广告片、效应类微广告片三种类型。

商业类微广告片基本以品牌为核心来讲故事，推广品牌内涵以提升产品销量；可以视作是有故事情节的长广告或附带广告的故事短片。定制专属于品牌自身的微广告片已成为新的行业趋势。

因此，此类微广告片首先具有品牌塑造的商业使命。处于资金链源头的企业会根据制作成本的各项指标付费。而制作者则显得很庞杂，影视制作公司、视频网站、广告公司等都参与其中。由于广告公司和视频网站的制作资源相对薄弱，本已掌握专业团队的影视制作公司显然具有天然优势。

例如，凯迪拉克与中国电影集团签订战略合作协议后，推出了《一触即发》(2010 年)、《66 号公路》(2011 年)等一系列微广告片，在提供观赏快感的同时，带动与消费者的情感互动，灌输品牌理念，提升品牌的影响力和美誉度，使广告中的系列车型在部分城市出现热销。

《一触即发》获得成功之后，许多品牌企业都瞄准了这一市场。著名服装设计品牌"卡宾服饰"与乐视网达成战略合作，投资约百万元，共同发行和推广励志微广告片《枫树街 33 号》(2012 年)。该片时长 24 分钟，讲述了一段五兄弟艰苦创业、缔造服装帝国的励志故事，风格朴实，气质清新。而卡宾品牌正是于 1997 年在香港枫树街创立的。

由保时捷投资、威尔瑞公司出品的微广告片《私信门》(2012 年)采用情感路线，演绎了经纪人和当红小生、粉丝之间的纠葛故事。在营销过程中开展互动，让消费者通过寻找片中的"穿帮镜头"来换取电子优惠券和相关的品牌商品、体验奖励等，以此调动消费者的参与热情。片名则搭载网络热点，而这也成为此类微广告片的推广模式之一。

百事公司的 2012 年贺岁微广告片《把乐带回家》(2011 年)时长 10 分钟，以"回家过年"为主题，讲述温馨故事，以情动人。片中，一位父亲(张国立饰)的三个儿女分别是杂志主编(周迅饰)、摄影师(张韶涵饰)和歌星

(罗志祥饰);他们都在外奔波,因为工作繁忙而不打算回家过年;而一位神秘人物(古天乐饰)的出现促成了这个家庭的团圆。

全片以“乐”贯穿,突出该品牌“乐”的概念,不仅宣传了产品,还突出了独有的“乐文化”;与旺旺雪饼的“旺文化”、顺凉茶的“顺文化”、王老吉的“吉文化”建立起文化壁垒;再配合空中、网络、地面的整合推广,使销量达成质的飞跃。

由拜尔斯道夫日化投资拍摄的舒蕾微广告片《让爱成为永远》由拜尔斯道夫日化 CEO 吴勇男、台湾 MV 教父林锦和、电影《梅兰芳》御用美指徐连伟联手打造,演艺新人李晓博领衔主演;故事来源于真人真事,以“父女情”为主线,讲述了当下最受关注的付出与回报、误解与理解、失爱与寻爱的话题。

纵览微广告片,将广告植入故事,以故事吸引观众,是其基本策略。因此,既要让故事吸引人,又要巧妙地植入广告。这就面临一个难题——商业元素与艺术元素的平衡。

很多商业微电影,如可口可乐的《把爱带回家》、ECCO 的《ECCO Moment》、上汽英伦 MG 3 的《为爱冲动》等,与传统广告片相比,虽然拍摄风格和手法上有所突破,但并非情节化的产品植入,而是直接售卖产品。其广告诉求过于突出,生硬地插入产品宣传,导致这些微电影在形式上偏向长广告。

如果使微广告片混同于长广告,势必会遭到观众的厌弃。因此,必须在讲好故事的同时把品牌、产品的宣传信息巧妙而灵活地植入进去。新浪全国销售总经理李想认为:“这种品牌内容的构建比拍电影本身更加困难。”

欧洲百年鞋履品牌 Bata 与网易合作的微广告片《Bata Moment》(2011年)为了收集创作素材,从 2011 年 4 月起开展了为期 5 个月的微电影剧本征集活动。该片通过展现职场女性在婚姻、爱情、梦想三者间的纠结、渴望、追求等真实情感来打动观众，从而深化品牌理念。

支付宝定制的微广告片《郑棒棒的故事》(2011 年)时长 3 分钟，在网络上播映后，短短几天内点击量超百万，在微博和各大论坛上掀起热议。网友纷纷转载，争相留言。

该片讲述了一个平凡而感人的故事。58 岁的郑棒棒[1]，原名郑定祥，是重庆万州人，读书不到三年，挑担为生三十年。一根棒棒，就是他赖以为生的全部资产。他在帮人挑担的途中与货主走散。货主遗落的两袋货物是七十余件羽绒服，价值万元。他全心全意地守护着这两担货物。

10 元工钱，一份托付。整整五天，年近花甲的他在风雪中奔波着寻找货主，没有半分收入。妻子病重住院，他焦虑万分却无法前往；工友试图分货，他义正词严地断然喝止；他发着高烧，拖着病体，顶着严寒，不顾众人劝慰，每天挑着包裹在茫茫人海中寻找失散的货主。佝偻的背脊上挑负的不是两袋羽绒服，而是一句承诺、一种托付。直到五天后，痴痴守候的他终于等来了货主，这才如释重负、展露欢颜，奔赴医院去照顾病重的妻子。

该片阐释了一个简单而深重的主题——坚守诚信。支付宝相关负责人表示："我们拍摄这一短片，就是希望通过片中的'郑棒棒'精神，让大家重新拾起那种最朴素的诚信与托付的精神。"

不少观看过该片的网友表示，郑定祥的行为深深触动了他们，让他们感受到坚持诚信的意义。有网友就在微博上留言："看支付宝最新广告《郑棒棒的故事》，我为他的奔波、诚恳而感动得哭了。原来我活在这样一个满满都是感动的世界里。"

可见，以讲述故事为本，而非硬性推销品牌，先将观众带入剧情以唤起情感共鸣，继而产生对品牌理念的认同，这种手法非常有效。

---

[1]"棒棒"是重庆市挑夫的一种俗称。山城路难行，部分地方无法使用交通工具或需要绕行，所以诞生了一群人力挑夫。他们多来自重庆市主城区周边农村，一般手持一根棒棒和绳子在大街小巷里面揽活。

公益类微广告片不以盈利为目的，而是为保障公众切身利益和倡导社会道德风尚而服务。例如，中央电视台制作的系列纪实类公益广告《真诚·沟通》在中国网络电视台的播映中也有很好的反响。

该系列广告以"真诚·沟通"作为总的公益主题，每期播出时长固定为1分钟，7~10天更换一期；在制作上，强调个案选择的普遍社会意义。不猎奇，不极端，追求情绪的典型性和社会的共鸣性；自2002年4月开播以来，累计已制作播出一百多条公益广告宣传片，开创了中国"同一种主题纪实公益广告"的先河和纪录。

效应类微广告片主要是为行政部门、事业单位、社会组织、文化活动等进行形象宣传，从而实现推广效应、提升知名度和美誉度；常见的如各类形象宣传片、活动宣传片、影视预告片、院线电影特别篇等。

例如，张俊杰执导的微广告片《岸边的记忆》(2011年)是武汉的首部城市形象宣传片，以男女主角之间的爱情故事为主线，以"幸福感"为切入点，实现城市文化的"软着陆"，摒弃了大而全的夸张呈现，用更为朴实的笔触，勾勒城市画卷，传达人文情怀，提醒和强化当代年轻人对辛亥革命和历史文化的铭记。

微剪辑片是以重新剪辑或配音为主要手段来对原作进行重新解读或改编的视频短片，素材主要来自影视剧或其他节目。其鼻祖是胡戈的网络短片《一个馒头引发的血案》。这类以恶搞为主的视频自2005年起风靡网络、蔚然成风，至今已经独立成一个原创类型，大部分内容以恶搞为主，如《非常完美之章子怡求爱记》等。

也有一些微剪辑片属于社会批判类的"微视频"，如《虐猫事件》《流氓外教事件》等。例如，改编版《画皮》中，原有的故事情节被改编得面目全非。由陈坤所饰演的将军成了"四熊"乳业公司的老总。周迅饰演的九霄美狐则成了生产部经理。她与壮壮乳业老总勾结，欲搞垮"四熊"，在奶粉里加入了"三三青安"。一个抓妖的故事变成了一个抓"毒奶粉"凶手的荒诞故事,由此构成了对“三聚氰胺”奶制品丑闻的讽喻。

还有一些微剪辑片呈现着青年人的怀旧情绪和感情态度,如《今年我们二十七八岁》《七八十年代出生的人》《80兔的单身情人节》等。在这些作品中,人们的目光再一次聚焦到正在迈向而立之年的“80后”群体,为他们提供一些宣泄和排解情绪的窗口。

许多网友通过现有素材和软件就能独立完成一部恶搞视频,所以创作周期相对较短,更新较快,受众范围较广。好奇网总裁张相保就用多种视频制作软件制作出了《奥巴马踹门》和《奥巴马和卡梅隆打架》等精彩恶搞视频,受到人们的喜爱。

微视频从创意策划到拍摄制作,都需要源源不断的新人加入。目前,各类媒体机构正通过微电影大赛、微电影节、微影人计划等活动来发掘新人、培养人才;同时,加强与专业影视公司的合作,实现自身的资源整合与优化配置。“以人为本”,或能为微视频开拓出更为广阔的发展空间。

三、化蛹成蝶巧筑梦——“微视频”之升华

所谓“微电影”,又称“微影”,全称为“微型电影”,是一种近似于“电影短片”的网络视频短片,是将品类庞杂的“微视频”去芜存菁后的“优质品种”;一般具有“三微”的特点,即微播映时长(可短至几十秒钟)、微摄制周期(可短至一天之内)、微投资规模(可少至千元以内)。

“微电影”也正是电影艺术诞生之初的原始形态。早期电影的“短片时代”也可以视作微电影创作的第一波热潮。

1895年12月28日,法国的奥古斯特·卢米埃尔和路易·卢米埃尔兄弟在巴黎卡普辛路14号大咖啡馆的地下室公开售票,正式向社会公映他们摄制的一批纪实短片,有《火车到站》《水浇园丁》《婴儿的午餐》《工厂大门》等12部影片。这些短片可以视作世界上最早的一批“微电影”。

电影史学家们认为，卢米埃尔兄弟的拍摄和放映活动已经脱离了实验阶段。因此，1895 年 12 月 28 日——世界电影首次公映之日，被定为“电影”的诞生日。

“短片时代”的早期，电影只是对生活的简单摹仿、机械照相，内容极为简单，大多是一些生活情景的片断，且多为即兴之作，最长也不过几分钟而已，仅是满足当时人们猎奇心理的消遣之物，毫无故事性可言。稍晚些时候，银幕上开始出现一些稍加编排的、表现有趣的生活情景的短片。

法国电影艺术家乔治·梅里爱[1]为电影开启了“造梦之旅”。他使电影从拍摄简单的场景进步为拍摄故事；其拍摄的《月球旅行记》于 1902 年 9 月 1 日上映，长约 21 分钟，被公认为世界上第一部电影故事片，也可以视作世界上最早的“微故事片”。

而中国电影也是从“短片时代”起步的。1905 年，中国第一部电影——京剧纪录片《定军山》在北京的丰泰照相馆诞生。这一年，适逢著名京剧老生、表演艺术家谭鑫培的六十寿辰。受北京丰泰照相馆老板任庆泰的邀请，谭鑫培在镜头前表演了自己在京剧《定军山》中最拿手的“请缨”“舞刀”“交锋”等几个片断。

《定军山》的片长仅有 30 分钟，却是有记载的中国人自己摄制的第一部电影，标志着中国电影的诞生；也可视作中国最早的微纪录片。而中国的第一部故事片是由郑正秋编剧、张石川与郑正秋执导的《难夫难妻》（1913 年，又名《洞房花烛》）。这部时长 40 分钟的影片则是中国最早的微故事片。

直至 20 世纪 20 年代，美国电影大师大卫·格里菲斯拍摄了时长 190 分钟的电影故事片《一个国家的诞生》（1915 年）和时长 197 分钟的电影故

[1]乔治·梅里爱（1861—1938）：男，法国电影导演、戏剧导演、魔术师，是世界上第一位电影艺术家；一生拍摄了几百部戏剧结构的电影，其创作的影片是电影真正成为艺术的开端。

事片《党同伐异》(1916 年);世界电影开始告别“短片时代”,进入“长片时代”。而中国的第一部电影长故事片《阎瑞生》也在 1921 年问世。

作为电影诞生之初的原始形态,电影短片的发展历程已逾百年;而近年来又被冠以“微电影”的名号,重装上阵,一时间“旧貌换新颜”,风光无限。可见,“微时代”的这件“新衣”确实有非凡的魔力!

在新媒体蓬勃发展的“微时代”,微电影以网络媒体为策源地,掀起了新一波创作热潮。随着 DV、单反相机、智能手机等数码产品的普及,许多影视爱好者已经不再只是爱好,而是进一步学习剧作、剪辑、导演等知识技能。随着影视教育教学系统的完善,越来越多的“微电影”作品诞生于互联网。

著名电影导演陈国富认为,微电影可以唤回电影伊始的想象空间。他说:“我认为所有电影形式的变化,对整体的电影创作都是有帮助的。……只要你能想象,只要在这个载体上面你能变出来的花样,我都是乐见其成的,不管作为电影从业人员或是普通观众。因为你想,在 100 多年前电影发明的时候,它是容许各种可能性的。以长度为例吧。你看卓别林的电影一开始就是一本戏,十几二十分钟,观众就到电影院里看那二十分钟的票。为什么现在就慢慢发展成格式化的、从九十分钟到一百二三十分钟这样一个物理长度呢?当然有市场和消费的理由。但它同时也磨灭了很多变化的可能性。所以我觉得现在你不管叫微电影也好,叫短片也好,叫电视电影也好,叫网络电影也好,都是在渐渐唤回我们的过去——电影刚出现时候那种爆炸性的想象空间。”[1]

于是,在 21 世纪第一个十年的尾声,“微电影”在中国异军突起,逐渐形成席卷全国的创作风潮。其佳作不断涌现,各类媒体举办的“微电影”

---

[1]《独家对话:“华语金牌监制”陈国富》,来源:时光网,http://news.mtime.com/feature/dialogue_008.html。

赛会活动也纷纷开启。

华影盛视公司首席执行官赵雨润将目前中国微电影的主要创作力量归纳为四个阵营:第一类是视频网站,他们有自己的播出平台,制作和播放微电影是最容易的;第二类是广告公司,他们直接按照客户的需求拍摄,主要是以电视广告为内容的微电影;第三类是各种唱片公司、文化公司,主要以宣传为目的;第四类是独立的影视公司,他们也会按照独立的需求拍摄微电影。

同时,微电影的播映平台已不仅局限于网络、手机等新媒体,还扩展至电视等传统媒体。在电视媒体上播映的"微电影"又称为"微剧",可理解为"微型电视剧"。各大电视台的《爱拍电影》《华夏微电影》《幸福微剧场》等短片栏目都会征集一些优秀作品以供播映。

短片栏目是指以推荐和播映各类短片和短剧为内容的电视栏目。例如,中央电视台"第一剧场"频道于 2012 年开播的《微影天地》就是一档专门推荐和播映"微电影"的栏目,为影视爱好者们提供了一个展示作品的电视播映平台。

《爱拍电影》是中央电视台电影频道(CCTV6)于 2006 年开播的一档周播短片栏目,每期时长 26 分钟;以植根民间的中国电影草根力量为依托,向观众推荐和播映国内外的优秀原创短片作品,并为民间影视爱好者们在短片摄制上提供资金支持。同时,还会邀请创作者们作客节目现场,与观众一起交流拍摄体验与心得。

享誉荧屏的《快乐驿站》则是中央电视台综艺频道(CCTV3)于 2004 年开播的一档日播动漫栏目,每期时长 10 分钟。

该节目在"艺术经典、时尚演绎"的宗旨下,以"世界在变,寻找生活中的快乐和智慧不变"为口号,用时尚的动漫手法来演绎中国的传统幽默节目,为原本就充满幽默色彩的相声、小品、评书以及歌曲、电影等喜剧类文艺节目增加了丰富的视觉效果,令人耳目一新,深受观众欢迎;在观众收视时间和满意度两方面都有良好表现,已经成为具有文化影响力的老少咸宜的动漫品牌栏目。

该栏目主编姜怡湘介绍最初的创意来源时说:"其实最初的想法很简单,因为发现国内现在给成年人看的电视动漫节目非常少,而用动漫可充分发挥想象力来表达幽默快乐。幽默快乐对人们的日常生活,尤其是对于调剂快节奏的紧张工作状态非常有好处。所以策划了这个栏目。"

漫画大师朱德庸[1]曾说过:"漫画可以使人们难以接受的东西变得容易接受。"专家们认为,动漫与相声的结合,解决了长期以来有待解决的难题——相声皮厚,进入情景慢,抖包袱之前的铺垫过程不容易抓住人;而用动漫来演绎,不仅提高了相声的节奏,还拓展了想象空间,增加了幽默表现力。

例如,一些关于心理活动的刻画、暗喻等,受语音限制,表现起来很困难;而通过动漫这种形式,很自然就达到效果了。这种生动的表现手法无疑对传播经典文艺作品,尤其是抢救绝版老艺术作品起到了很好的作用。

该栏目的最大特色还在于充分发挥了 Flash 动画[2]的优势,即"自由、便捷、个性、参与";可以集合大众的幽默智慧来进行创作,再通过荧屏与大众分享。

Flash 软件于 2001 年前后开始在中国动画领域风行。Flash 动画从网络迅速推广到影视传播领域,发展速度极快。相比之下,其他形式的多媒体影视制作手段因常规网络带宽的限制,只能以低清晰度的流媒体形式在网络上传播,且在设备、周期、资金、想象力的表达等方面都对个人有很大

---

[1]朱德庸:男,1960 年生,台湾著名漫画家,其漫画专栏在台湾有十余年的连载历史;其中《醋溜族》专栏连载十年,创下台湾漫画连载时间之最;其漫画作品《双响炮》《涩女郎》《醋溜族》等在内地青年男女中影响极大,拥有大批忠实读者。

[2]Flash 是美国的 MACROMEDIA 公司于 1999 年 6 月推出的一款多媒体动画制作软件;作为交互式动画设计工具,可以将音乐、声效、动画以及富有新意的界面简便地融合在一起,制作出高品质的动态效果,从而造就了一种新的动画形式——Flash 动画。

的限制。而 Flash 软件打破了这些限制,使每个人都能参与其中,其呈现的作品也极具个性化特征。

作为日播栏目,《快乐驿站》为了保证足够的节目产量,其作品以 Flash 动画为主。当然,Flash 并非唯一的工具和形式。只要能够传递快乐和幽默,任何形式都可以尝试。该栏目中的动画作品还使用过多种表现形式,如三维动画、泥偶动画甚至皮影等。

作为"微视频"的"升华版","微电影"的主要特性体现在如下三点:

首先,微电影的互动性很强。其制作门槛很低,甚至不需要高清摄像机或者 DV,只用一部单反相机或者 iPhone 就可进行拍摄。只要有精彩的创意,就可以着手创作自己的微电影。因此,人人皆可参与,而每个人的评论与转发又促进了其传播与推广。

其次,微电影的开放性很强。微电影拥有开放的传播平台,可以在网络、手机以及公交、地铁的移动电视等多种移动终端上播映,优秀作品还可以进入电影院线放映。例如,中国电影集团与优酷网合作出品的"11 度青春"系列微电影就开通了网络播映与院线放映的双平台。

再次,微电影的宽松性很强。国家广电总局和国家互联网信息办于 2012 年 7 月 9 日联合下发的《关于进一步加强网络剧、微电影等网络视听节目管理的通知》要求:互联网视听节目服务单位按照"谁办网谁负责"的原则,对网络剧、微电影等网络视听节目一律先审后播;行业协会要组织开展行业自律。

这种"以自审为主"的机制,使微电影获得了相对宽松自由的创作空间。可以为更多影视爱好者提供成就自己的机会。他们的个人追求、独特风格和天才想象可以缔造出更多的优秀作品。

而青年影视工作者也可以通过微电影的创作为今后的职业生涯积累经验。著名演员姜武说:"微电影投资成本降低,对年轻导演来说是个好机会。它在题材、类型上更自由,给年轻导演一个实习的过程,同时也能挖掘一批好编剧。"

同时,由于摄制周期短,导演和演员更易于空出档期来进行拍摄;尤其是对于名导和名演员而言,大大提高了拍摄的可操作性。著名导演高希希就首度监制了《楚汉》系列微电影。

"全媒体"[1]时代的到来,为微电影的创作提供了广阔的用武之地。心怀"银幕之梦"的影视爱好者们已是摩拳擦掌,准备着"人间遍种自由花"。

"80 后"新锐导演李紫超认为:"多媒体时代是打开微电影创新理念及创收益的新平台。随着人们生活节奏的加快、信息时代的不断推新,快速便捷的视觉盛宴越来越受到青睐。微电影艺术正好弥补和满足了时代快速发展中人们对电影、电视剧的内心空白。它承载了大众对电影、电视剧新兴事物的无限期待;尤其是多媒体、3G 手机等平台的应用,更给微电影艺术的发展提供了广阔的前景和发展空间。"[2]

四、为有源头活水来——"微视频"之源泉

从以小博大、挑战《无极》(2005 年)的《一个馒头引发的血案》(2005 年)到"一石激起千层浪"的《老男孩》(2010 年),微视频由来已久;既包括视频、门户网站等新媒体平台为吸引观众而自行组建专业团队摄制的网络短片,又包括民间影视爱好者摄制后上传的业余作品;其制作发行相对简单,目前以网络及手机等各种移动媒体为最主要的播映平台,成为用户时

---

[1]"全媒体"是指媒介信息传播采用文字、声音、影像、动画、网页等多种媒体表现手段(多媒体),利用广播、电视、音像、电影、出版、报纸、杂志、网站等不同媒介形态(业务融合),通过融合的广电网络、电信网络以及互联网络进行传播(三网融合),最终实现用户以电视、电脑、手机等多种终端均可完成信息的融合接收(三屏合一),实现任何人、任何时间、任何地点、以任何终端获得任何想要的信息(5W)。

[2]《微博之后流行微电影?》,来源:《解放日报》,http://www.qstheory.cn/wh/whsy/201108/t20110826_105486.htm。

间碎片化的产物。

胡戈制作的网络短片《一个馒头引发的血案》时长20分钟，重新剪辑了电影故事片《无极》和中央电视台社会与法频道栏目《中国法治报道》，改写出无厘头的对白，以滑稽的片段分接和搞笑的穿插广告为亮点，获得了极大的关注，正式吹响了微视频兴起的号角。

随着网络视频业务的发展壮大，互联网已成为重要的影视剧播映平台，各大门户和视频网站在视频领域的竞争异常激烈。热门影视剧的版权价格也随之水涨船高。高昂的版权购买费用导致运营成本的剧增。同时，网络视频同质化竞争严重。网站需要寻找差异化的竞争路线，提升原创能力。而自制微故事片不但成本低，而且能保证网站在运营中享有更多的主动权，且灵活性较强、风险性较低。居高不下的点击率更使其日渐勃兴。

网易娱乐总监王尔冈认为："作为新出现的一种作品体裁，微电影给各出品方、创作人的发挥空间很大。只要形成自己鲜明的风格和特点，都相当于形成一种优势。"[1]

及至《老男孩》问世，"微视频"大军中已涌现出越来越多的情节完整、形式严谨、制作专业的优秀"微电影"作品。各式各样的"微电影节"也颇具规模。微电影在全民娱乐的"微时代"呈现井喷之势。2012年，各大视频、门户网站在微电影市场上的竞争进入白热化，均将微电影运作提升到互联网战略的层次，作为网络时代新的掘金点。

在此风潮之下，众多微电影涌现，类型鱼龙混杂、质量良莠不齐。如何确保质量水准，已是摆在创作者面前的首要课题。

中国第六代电影导演王小帅谈及微电影的创作时说："做这个跟做大电影是一样的，剧本、脚本、台词、场景等都是一样的，所以我们应该用对电

[1]《微电影商业化不等于长广告》，来源：网易娱乐，http://ent.163.com/12/0521/14/821LJPT500031H2L.html。

影的态度来对待它,只是它需要的时间短而已。"[1]微电影的创作者必须以更为丰富的想象力来缔造作品,以期在短时间内调动起观众的观赏兴趣。

众所周知,艺术创作是感性与理性的结合。对于微视频创作而言,亦是如此。正如台湾话剧导演李宗熹所说:"感性是必要的,可以用心体验生活。灵感来自生活溢出的积淀。但更重要的是理性。好的编剧更像是电子程序工作者,可以把握整体结构,懂得用什么元素、层次和结构可以打动观众。"[2]

美国电影艺术与科学学院在第84届奥斯卡电影金像奖的官方海报中向八部历久弥新的经典影片致敬[3],主题为——"生活、摄影机、开拍!"

微视频的创作也需要我们将目光投向生活,去寻找"灵感之源"。生活是一部博大精深的百科全书,每时每刻都在发生着数不尽的奇闻趣事。只是看你是否善于捕捉它们、以为己用。或许,你不经意间看到的一则趣事,就会触发你的灵感,最终创作出一部杰作。

电影大师阿尔弗雷德·希区柯克说:"要写实,往窗外看就好了!"社会新闻也是影视剧创作者重要的灵感和素材来源。在《天下无贼》(2004年)、《疯狂的石头》(2006年)等电影故事片中,观众们可以看到各式各样的"小偷团队""笨贼搭档"。这类情节也绝非凭空杜撰。

在现实生活中,杭州警方就曾破获过一个江湖人称"江南七怪"的扒手集团,均为老幼病残,且"各怀绝技":老大一瘸一拐,老二患麻风病,老

---

[1]《微电影呼唤草莽》,来源:《新闻晨报》,http://newspaper.jfdaily.com/xwcb/html/2012-03/30/content_776965.htm。

[2]李国政:《咱们编剧有力量》,来源:《扬子晚报》,http://ent.xinmin.cn/2012/03/04/13887382.html。

[3]第84届美国奥斯卡电影金像奖于2012年2月26日在好莱坞高地中心举行,其官方海报致敬的八部电影故事片分别为《乱世佳人》(1939年)、《教父》(1972年)、《卡萨布兰卡》(1942年)、《音乐之声》(1965年)、《为黛茜小姐开车》(1989年)、《巨人传》(1956年)、《阿甘正传》(1994年)、《角斗士》(2000年)。

三外号“瞎子”，老四外号“高血压”，老五在郊区活动，老六专攻火车站；老七只有16岁，绝活是口含刀片——刀片不是作案工具；一旦被抓到就立即吞刀片，弄个肠穿肚烂再送医院急诊；这样既能吓唬人又能逃避进派出所。

可见，天下之大，无奇不有。有这样一则新闻：来自美国俄亥俄州辛辛那提市的50岁男子罗宾森在过去两年时间内，被捕74次，被起诉153次。罗宾森几乎什么都做过，行乞、非法侵入和拘禁等。周一，他因涉毒被判90天刑期；但在判定还没生效之前就被监狱告知，牢房空间不足，没有多余的位置了，遂被释放。这还没完，周二他又因吸食可卡因再次被捕。

我们完全可以将类似奇事创作成极具戏剧效果的微电影。可以说，生活永远是我们取之不尽、用之不竭的创作源泉。无限的创作灵感尽在生活的海洋之中。创作任何艺术作品，都须首先做一名生活的“有心人”，善于观察生活、捕捉生活，从生活中提炼创作素材，并从中挖掘出具有普遍性的人生体验，再经过艺术手法的加工创作后呈现给观众。

对于微电影而言，“接地气”更是其生命力之源。所谓“接地气”是指作品能更贴近观众的生活，拍普通百姓的身边事。在故事内容上，许多微电影都融合了时尚品位、幽默恶搞、公益教育、商业新潮等元素；为了迎合青年群体的趣味，又多选取轻松娱乐、诙谐搞笑的风格，并适当采用网络语言，显得娱乐性很突出。

因此，微电影目前多以爱情片、青春片、喜剧片等类型为主，话题多集中在梦想、青春、爱情、亲情、友情等方面，着力挖掘生活中的真情实感。

例如，腾讯的系列贺岁广告《弹指间心无间》从2011—2013年先后发布了“亲情篇”“友情篇”“爱情篇”三部微故事片，都是延续温情基调。

在《弹指间心无间——亲情篇》(2011年)中，天各一方的一对母子通过聊天工具实现了情感沟通。片中的情感独白——“距离远了，弹指间，心却近了”，在许多漂泊在外的网民中引发了深层共鸣。该片在网上的总播放量达256万次，吸引了29.9万条微博话题互动。

《弹指间心无间——友情篇》(2012 年)将品牌的情感诉求从亲情扩延至“兄弟永远肩并肩”的友情,唤起了人际关系中的温情与友爱,在与冰冷都市生活的鲜明对比中令人感慨。该片在腾讯视频上的播放量超过 3 600 万次,微空间听众数超过 74 万人次,相关互动话题超过 39 万条。

《弹指间心无间——爱情篇》(2013 年)通过一对夫妻在平淡的生活中打破沉默、互诉衷肠的情感故事,探讨了“沟通”对于维系夫妻关系的重要性。片中的情感独白——“以为不说,就是体谅;沉默,却放大了距离;跨出一步,爱更清晰”,可谓意味深长。

该系列片的相关负责人说:“我们倡导‘跨出一步　让爱更清晰’理念,希望借此唤醒大家更多的‘为爱行动’,并通过腾讯的传播资源传递出这种社会正能量。”[1]

再如,黄渤执导的微电影《特殊服务》(2012 年)从剧情内容、导演手法到演员表演都相当的“接地气”,因此迅速受到网友的钟爱;短短 3 日内就在网络上创造了 500 万的点击率。该片还在第 15 届上海国际电影节上荣获手机电影节“年度最佳网络微电影”殊荣,在第 21 届中国金鸡百花电影节上荣获首届微电影大赛“最佳创意奖”。

黄渤阐述道:“我希望通过这个小片儿,给大家一些积极的启示,传达一种积极的人生态度。看过之后能有所收获,我的目的就达到了。我自己是一个乐观的人,也希望我的作品可以留给观众一个光明的尾巴。”

美国剧作理论家罗伯特·麦基说:“故事有两点是最重要的。第一,就是要让观众进入一个未知的世界,让他们获得生理上的探索未知的乐趣;第二,就是必须要引起观众的共鸣,要让观众透过角色反思自己的

---

[1]《腾讯 TVC 大片打爱情牌　喊“跨一步让爱更清晰”》,来源:《济南时报》,http://www.sd.xinhuanet.com/news/2013-01/06/c_114269419.htm。

人生。”[1]

对于微电影而言，往往点击率即是生命线。要吸引受众群体的观赏兴趣，同样须有精彩的创意和故事。大凡佳作，多具备以下三点优势：

其一，以新颖求情趣。微电影以“微”见长，必须在短时间内吸引观众，并让观众产生继续看下去的兴趣。这就对其内容提出了较高的要求。微电影一般侧重于情趣性，题材新颖，内容新鲜，贴近百姓日常生活和社会热点话题，又不乏个性化特征。

2012 年，台湾著名导演陈国富将其摄制的微电影《初登场》投放到新媒体平台上进行播映。该片讲述了人们熟知的台湾歌星邓丽君的“风华一瞬”。

1968 年，年方十五的少女歌手邓丽君(王丁竺饰)独坐化妆镜前抹泪；她因为排演时忘词而挨了制作人的骂；眼看上镜机会就要溜走，而一场超现实般的邂逅改写了她的命运，也写下了华语歌坛的传奇史页。这个趣味盎然的“微故事”所选择的角度可谓“微而新颖、小而精巧”。

陈国富说：“我喜欢那种能抓住观众的好奇心的、充满期待的、这么一种情绪的电影。那我觉得《初登场》也具备了这样的一些特质，它会留给观众一点问号，但是问号也是蓄意留下来的。因为它本身并不是一个需要你有什么知识背景才能理解的作品，就是这么一段邂逅，有一点悬念感，就像我一贯的电影。另外，这 5 分钟没人给我市场压力，所以我也就更加随性，可以更肆无忌惮地把自己一些偏好放进去。”[2]

其二，以思想求深度。具有思想性的作品显然更容易受到观众的青睐。对于微电影而言，通俗绝不等同于低俗。如果缺乏一定的人文关怀与

---

[1]《麦基指中国有大师缺匠人　称做自己学生死能瞑目》，来源：电影网，http://roll. sohu. com/20111204/n327900262. shtml。

[2]《独家对话：“华语金牌监制”陈国富》，来源：时光网，http://news. mtime. com/feature/dialogue_008. html。

思考，就很容易沦为庸俗的娱乐消遣。

蔡康永、刘少玲执导的微电影《纵身一跃》(2011 年)时长 7 分钟 23 秒，讲述了赵慧仙和于朦胧饰演的一对情侣在众人帮助下克服困难、完成浪漫爱情之旅的故事。同时又以童话《小王子》中小王子与玫瑰的故事作为旁支线索，营造一种唯美魔幻的温馨氛围。

谈及创作经验，蔡康永说："微电影可以用'震撼、提醒、讯息、启发'四个词来概括。这就像写 140 个字的微博，事先构思好并在创作的过程中不要忘记最初想要表达的东西，不偏离、不放弃。"[1]

徐峥主演的微电影《一部佳作的诞生》(2011 年)中，一个怀揣电影梦想的文艺青年(徐峥饰)本想通过绑架富家女来勒索一笔钱财，却在拍摄勒索视频的过程中过于投入，把勒索视频拍成了一部"佳作"；最后稀里糊涂地放走了被绑架者。

片中发出了这样的声音："你们知道中国电影为什么拍不好吗？就因为总是纠结在文艺片与商业片之间，而忽略了细节上的审美追求。如果我们的电影不能走进观众的心，我们怎么能取得商业上的成功呢?"对于电影艺术在文艺片与商业片之间的纠结，以微电影的形式提出来，是对电影艺术发展的一次质问，也是对微故事片前景的一种审视。

其三，以情感求共鸣。微电影虽如"袖珍"，但透过"针孔"仍能洞见大千世界、倾诉世间情思，通过人类共通的情感来引起观众的共鸣。

系列微电影《11 度青春》的压轴之作《老男孩》(2010 年)中，42 分钟的片长，蕴藉了人所共有的青春记忆。当"也许永远都不会跟她说出那句话，注定我要浪迹天涯，怎么能有牵挂"的歌声响起，多少怅然年华，都浸润在眼角的泪光中。微电影正是从它微小的"针孔"中透射出百态人间的一

---

[1]《微博之后流行微电影?》，来源：《解放日报》，http://www.qstheory.cn/wh/whsy/201108/t20110826_105486.htm。

缕阳光、一抹风情。

刘浩、易小星执导的微电影《意外》(2012 年)时长 11 分 25 秒,聚焦于“丁克族”这一社会群体,引起了许多 80 后青年们的共鸣。

“丁克族”是指具有生育能力而选择不生育的人群。片中的一对 80 后青年夫妇——小峰(鲍磊饰)与紫琪(谷默乐饰)因忙于工作而没有时间和精力来考虑生育子女的问题。在小峰父母的屡次催促下,他们只得谎称怀孕,以求暂时解脱。他们用父母送来的 DV 记录着“怀孕”时期的生活点滴。然而,戏假情真,夫妇二人在假装怀孕的过程中受到触动,决定假戏真做,接受这个“意外之喜”。

在当今社会,人们的工作和生活压力极大,追求快乐和愉悦成为普遍诉求。微视频正迎合了观众的需求,在短时间内带给人们回味无穷的愉悦,自然广受欢迎。

五、平易近人胜春风——“微视频”之传播

2013 年 10 月 14 日,一个名为“复兴路上”的账号,在视频网站优酷网上发布了一段名为《领导人是怎样炼成的》的“微视频”,时长 5 分零 2 秒。该视频中首次出现了中国领导人的卡通形象,用幽默平实的语言讲述中国官员选拔和考核制度。这段动画视频迅速蹿红于各大视频网站,引起网友的疯狂点击。截至 10 月 17 日 10 点,该片中文版本已播放 135 万余次,英文版本也播放了 1 万余次。[1]

该片何以能够在短时间内引起普通民众的极大关注?一个并不具有传播优势的“政治科普片”得以迅速蹿红的原因究竟是什么?对于这段微视频的传播策略和蹿红原因,我们可以从三个维度进行探析,分别是草根

[1]商西.中国领导人卡通形象引爆网络[N].京华时报,2013-10-18.

化叙事、平民化视角和新媒体语言运用。

首先,"草根化"叙事开启"梦想"主题。

微视频《领导人是怎样炼成的》伴随着一声童趣的"hello",黑、黄、白三色皮肤的可爱儿童先后出现在画面上,童声告白推出:"长大了我想当总统。"随后解说词开始:"这是全世界很多孩子都有的梦想。"该片用草根叙事的手法前8秒即完成了"梦想"主题开篇。

毫无疑问,把"梦"或者"梦想"与"中国"或者"世界"连在一起,就形成了一种宏大叙事。2012年11月29日,在国家博物馆,中共中央总书记习近平在参观"复兴之路"展览时,第一次提出了"中国梦"的概念。近一年来,国内媒体围绕"实现中华民族的伟大复兴"进行了大量的"中国梦"的宏大叙事。

值得称道的是,该片独辟蹊径,在众多媒体民族、经济等意识形态的宏大叙事背后,以一个孩童的视角直接插入普通人的边缘话语、草根话语,重新唤起了许多人不能做、不敢做的梦,还有被众多宏大叙事遮蔽掉的小人物和小叙事。这正是该片获得普通中国人喜欢的最大原因,也是该片在后面将中国与美英两国政治体制进行比较的基础——因为大家都有共同的梦想!

实际上,"中国梦"的宣传应当是一个立体工程,最终达到"内聚民心、外结盟友"的效果。18—19世纪的欧洲,贵族尚未退出历史舞台、社会等级森严、财富分配不公、宗教歧视严重……孟德斯鸠、笛卡尔等启蒙运动的先驱,开始对美国这块神奇的土地赞颂不已,这也燃起了弱势群体的"美国梦"。可以说,"平等权利"是"美国梦"的一个重要内涵。

从这个角度上讲,"中国梦"与"美国梦"有许多相通之处。该片在内容的传播上,力求寻找这种"相通",选择以"人民的梦"为指南,在对外传播上深入挖掘中国人民和世界人民有着"命运共同体"的主题,并且在短片中不回避中国在发展中碰到的问题,如:"过度追求GDP所带来的环境污染”“弄虚作假”等问题，淡化官方色彩和政府主导因素，把焦点对准草根诉求，从而突出个人梦想在实现中国梦中发挥的作用。

《纽约时报》的著名专栏作家托马斯·弗里德曼在十八大前夕的10月初发表名为《中国需要自己的梦想》的文章。在描写关于中国社会努力弥补和修复由于经济发展所带来的环境损害时，弗里德曼笔锋一转，指出可持续发展和共同富裕应赋予中国人以新希望，而这种希望就是能否提出一个与美国梦所不同的中国梦式的发展道路。

这段微视频可以说是直面这些诘难性问题，宣讲了许多解决的办法和途径，同时也指出，中国梦的存在是以中国社会长期发展的体制为根基，“只要民众满意、国家发展、社会进步，这条路就算走对了！”

“中国梦”是人民的梦，宣传“中国梦”始终要跟基层联系，用人民的语言，有人民的故事，反映人民的真实梦想。微视频《领导人是怎样炼成的》传播的内容平实、生动、富有感染力。这不仅仅是传播方式的改变，更是传播态度和传播责任的变迁，同时也是和“党的群众路线教育实践活动”结合的创新形式。

其次，“平民化”视角塑造领导人形象。

这段微视频从2分35秒开始“以中国国家主席习近平为例”，介绍习近平的从政之路，使用了习近平头像和卡通身躯的形象，以动画的形式介绍“习近平从中国最基层干起，到县、市，到福建、浙江、上海等一把手，到国家副主席，再到党的总书记、国家主席，至少经历16次大的工作调整，治理过的地区人口累计超过1.5亿，前后用了40多年时间”。

这一平民化的创作理念，拉近领袖人物与普通民众的距离，注重呈现作为“人”的领袖人物，更多基于其“长期处于基层”事实的支撑和细节的呈现，让原本高高在上的领导人走进民众的心里。

这段微视频发布后，领导人“超萌的卡通形象”立刻引起网友热议：“原来可以这么萌”“新一届领导班子亲民形象好可爱”“第一次很有耐心地看完领导炼成的历程”“以这样的方式讲很好看很容易看懂”。网友用“萌”、可爱、有趣、有新意等词语来点评视频，高度评价视频将领导人卡通化的尝试。

截至10月17日10点，原视频中文版已获得1万多个“赞”。视频本身及相关报道在新华网、央视网、中新网等央媒网站转播、转载。利用卡通形象来进行严肃形象的宣传，改变其在民众心中的刻板印象。近年来在国内外均有尝试，并取得了较好的效果。

2011年12月3日，在最高人民法院举行的公众开放日活动中，最高法的新闻发言人孙军工发布了中国法院的两组卡通形象——男女法官人物卡通形象和法院文化“独角兽”卡通形象。这里的独角兽也就是我国古代传说中的异兽——獬豸。它双目明亮有神，额上长有一个独角，所以俗称“独角兽”。传说我国历史上的第一位大法官——虞舜时代的司法官皋陶就曾饲养过獬豸，以帮其裁决疑难案件。[1]

“2009年中国张家界国际乡村音乐节”揭幕在即，张家界市长赵小明作为此次音乐节的“形象大使”，不惜“丑化自己”，在音乐节的形象片中以“手拿吉他、载歌载舞的卡通市长形象”示人，引起社会各界广泛好评。[2]

2008年3月19日，日本外务省举行了一个特殊的“外交使节就任仪式”。卡通形象“哆啦A梦”正式“接受”外务大臣高村正彦的“任命”，成为日本历史上第一位“动漫文化大使”，承担向全世界宣传日本动漫文化和提高对外形象的重任。这是日本在2007年11月1日开始启用漫画形象阿童木为“海外安全大使”后所采纳的第二个人气动漫卡通形象。[3]

由此可见，作为一种综合了文学、美术、音乐、电影等相关要素的艺术形式，卡通自诞生以来，不断以丰富多彩的表现手段，推出了众多对人们有

[1]孟强.沉稳的法官与静默的独角兽[N].人民法院报,2012-12-15.

[2]吴龙贵.从“卡通市长”看官员形象建设[N].河南商报,2009-05-08.

[3]吴咏梅.动漫外交推销日本梦想[N/OL].新华网,2008-08-21.

持久影响力的卡通形象，并不断被人们用于传播活动中，包括政治传播活动。

在微视频《领导人是怎样炼成的》中，领导人的卡通形象是以故事化的方式得以传播的，这也适应了卡通形象本身的传播规律。因为，卡通形象与短片主题的叙事形成有效的关联联想，只有在卡通形象的外延内涵塑造上增加卡通形象的叙事性，才能达到目的，故事化的叙事正好可以发挥其独特优势。

视频中领导人的卡通形象的故事化传播不是一个简单的故事情节设置，而是以领导人卡通形象这一视听符号为核心，设置领导人生活细节、生存境遇、动作、身世等故事元素，再以不同的表现形式进行表达，如动画、flash 和动漫化的十八大场馆等。

再次，新媒体语言形成网络围观。

以互联网和手机等数字终端为代表的新媒体迅速发展，为基层党组织和广大党员宣传党的路线方针政策、联系服务人民群众等提供了新的渠道和平台，用好新媒体发挥正能量，是新形势下加强基层服务型党组织建设、提高党的建设科学化水平的一项重要任务。

从前几年的“什锦八宝饭”[1]，到而今“@学习粉丝团”和“@向李学习”微博的开设；从彭丽媛随习近平出访在网上刮起“丽媛风”，到而今国家领导人卡通形象风靡网络……充分说明党中央一直高度重视新媒体的运用。

而且，在党的最高规格的文件中也多次论及互联网，尤其是2012年11月闭幕的党的十八大，在报告中对于“互联网”的论述比十六大和十七大报告篇幅增多，分量加重，特别是“网络空间安全”和“网络社会管理”的新提法，充分反映了中国共产党在认识层面新媒体观发展的深化、在实践层

[1]胡锦涛和温家宝粉丝团的简称。

面新媒体执政能力的提升、在战略层面网络空间的发展筹谋。

用好新媒体发挥正能量，绝不是简简单单地采用传统的宣传品放在网络等新媒体上播出，而是要真正把握新媒体的特性和准确使用新媒体的语言，微视频《领导人是怎样炼成的》正是做到了这两点，形成了网络围观的正面效应。

第一，这段微视频的标题本身就是网络流行语言。标题“领导人是怎样炼成的”中“怎样炼成的”五个字本身就是网络流行语言，在百度中输入这六个字可以得到4 420 000个答案。这五个字源自名著《钢铁是怎样炼成的》，在现实世界里具有很深厚的人文和历史沉淀，短片将这五个字融入其标题中可谓是“接地气”。

标题还采用了“设问”修辞，设问是无疑而问，自问自答，目的是在强调“领导人的炼成”，以提醒受众领导人并不是天生而成，而是奋斗而成，这里修辞的运用，在引起受众好奇心并最终使受众获悉后，加深了受众的印象。由此可见，创造性使用网络流行语言，一方面使我们传统语言变得多样化，另一方面也使枯燥的文字交流变得丰富多彩，充满生活气息。

第二，这段微视频折射大量网络热词。该片除了折射出比如“中国梦”“复兴之路”“中国奇迹”“十八大”“反腐”“中国功夫”等本土网络热词外，还有意植入了一些世界性网络热词，以引起民众兴趣：在美国总统竞选段落里用了“‘美国政治偶像’的选举可比成为‘美国偶像’难多了”的解说词，在英国首相竞选段落里用了“其成功概率远低于苏珊大妈在‘英国达人’上一举成名”的解说词。

《美国偶像》和《英国达人秀》是近年来国内电视机构引进的两个颇具影响力的综艺节目模式，其中国本土化的“超级女声（快乐女声）”和“中国达人秀”节目在广大普通民众中拥有很高的知名度，由这两个节目名称所产生的一系列词语早就成为了中国互联网的“热词”，几乎是家喻户晓。这段微视频有意将此类词语引入，无疑能增加此类“政治科普片”的吸引力，形成良好的正面的围观效果。

在新媒体环境下，对政论思想的相关报道和宣传品若不留神宣传腔和宣传方式，很容易成为普通人茶余饭后及移动互联网终端"吐槽"的对象。如何打通"两个舆论场"，避免自说自话？如何使重大的国家理念、尤其是枯燥的政治体制等重大问题和普通老百姓的生活及阅读兴趣产生关联？如何应对越来越多、越来越快的有针对性的观点交锋并有力引导？

以上问题的答案，从微视频《领导人是怎样炼成的》中可见一斑。寻找平易近人的"微传播"方式，切合"微时代"的民众心理和观赏习惯，或许是上佳之选。

六、繁花似锦转头空——"微视频"之反思

2012 年 7 月，时长约 4 分 30 秒的一段微视频出现在公众视野中，因赞美"绳命"（生命）而被猴子骚扰的延参法师是视频中的主角。法师手持两个话筒，用浓郁河北口音对着镜头说："让生命多一些开心，让岁月多一些辉煌……"此时，身旁的猴子不时伸出爪子拉扯骚扰。延参神情淡定继续解说。猴子变本加厉，抱住法师的背，甚至爬上了法师的肩头嬉闹。

受此干扰，法师的讲话屡被打断，顿时语无伦次："绳命，是剁么的回晃；绳命，是入刺的井猜（生命，是多么的辉煌；生命，是如此的精彩）……"此后，法师不断重复着"绳命"，令人忍俊不禁。视频蹿红后，网友将延参的讲话演绎成又一种新网络文体"绳命体"，遍布网络，视频主人公延参被网友评价为"超萌法师"。

此后，各大主流媒体也加入到争相报道延参法师的大军中。2012 年 7 月 15 日，延参法师登上东方卫视《今晚，80 后脱口秀》的嘉宾席。湖南卫视《天天向上》先有汪涵等主持人现场演绎"猴子骚扰法师"一幕，后又通过微博私信邀请延参法师录制节目。一时间引起了网民火热的关注及各

大媒体甚至全社会的热烈讨论。

“延参事件”在特殊的网络环境下，其“绳命”的“超萌”特质被无限放大，并与若干网民的审美、猎奇、娱乐等各种心理相契合。从中不难发现，对“延参事件”的关注通过以微博为代表的新媒体向主流媒体扩张，直至呈现出向全社会范围传播的趋势。这种大众媒体集中全部资源对个体反常的关注，映射出大众传媒在消费主义文化影响下的抉择。

传媒的消费主义倾向在一味满足大众需要的时候，一方面使得传播增强了从内容到形式的可消费性，丰富了大众的文化生活；但另一方面，身处消费主义文化环境中的传媒所提供的消费品过于强调娱乐性、商业性和消遣性，其文化意义又往往被物质利益所掩盖，以致引发大众文化消费倾向的异变和错位。

笑中解悟：拟态环境中的文化消费

早在20世纪20年代，美国著名政论家李普曼就在其所著的《公众舆论》一书中，论及拟态环境问题。一方面，拟态环境不是现实环境“镜子式”的摹写，不是“真”的客观环境，或多或少与现实环境存在偏离；另一方面，拟态环境并非与现实环境完全割裂，而是以现实环境为原始蓝本。因此，所谓“拟态环境”就是我们所说的由大众传播活动形成的信息环境，它并不是客观环境的镜子式再现，而是大众传播媒介通过对新闻和信息的选择、加工和报道，重新加以结构化以后向人们所提示的环境，应该包含“媒介事件”和“媒介人物”。

“媒介人物”是指那些经常在大众媒介上抛头露面的公众人物，毫无疑问，大众媒体具有很强的塑造“媒介人物”的功能，因为他们既能通过“媒介事件”掌握塑造偶像的进程，又能按照一般程序步骤创造出不同的偶像。延参法师无疑正是大众媒体近日塑造出的“萌代表”。

回望中国本土“娱乐文化工业”的兴起历程，笔者认为经历了四个阶段。第一阶段是20世纪80年代，娱乐业以民间、走私和半公开形式存在，如录音带、录像带的生产，从存在的形式上看表现为遮遮掩掩，从内容上看表现为复制和模仿香港、台湾地区的娱乐文化产品；第二阶段是随着经济全球化时代的到来，港台音像产品的大规模引进、合资及联合开发，美国好莱坞大片的引进乃至全球同步首映等，在内地掀起了一波又一波的娱乐文化的高潮，诸如专业选美、时装发布会、夜总会、卡拉OK歌舞厅、专业化的迪斯科舞厅、电子娱乐产品和互联网娱乐文化等都趋于成熟；第三个阶段是以湖南卫视的崛起为代表，通过诸如"快乐大本营""超级女声""越策越开心"等娱乐节目，赢得了巨大收视市场的同时，也在华夏大地上不断重复"娱乐"的概念；第四个阶段是伴随着新媒体时代而产生，长期以来，社会没有给公众提供更多的舆论疏导平台和娱乐手段，而新媒体时代却给了公众一大批可以自己书写心情的"自媒体"，微博就是其中较为重要的代表，由此而延伸出大量的"微娱乐"。

尤其值得注意的是，无论是"娱乐"还是"微娱乐"，其背后都凸显着"秀"的本色。如果说，秀场是一个社会的缩影，那么，一些秀场上的种种丑陋现象，表现出来的就是大众文化消费倾向的异变和错位。

衍生产业：文化消费下的"萌符号"

文化消费市场中，我们消费的不是"延参法师"本身，而是"延参法师"符号所带来的内容，那就是"萌符号"。

事物有相对两面性，传媒的消费主义倾向在一味满足了大众需要的时候，一方面使得传播增强了从内容到形式的可消费性，丰富了大众的文化生活；但另一方面，身处消费主义文化环境中的传媒所提供的消费品过于强调娱乐性、商业性和消遣性，其文化意义又往往被物质利益所掩盖，以致引发大众文化消费倾向的异变和错位。符号背后的内容多种多样，其内容有的可以被解读，有的永远在事情真相之下。对于"走红"的"延参法师"，人们并不关心他的"书法"和"佛学",更热衷于传播的是那些"萌"的照片,那些因为方言引发的"笑料",甚至一些电视媒体的知名主持人也加入了模仿的大军,只求博得观众一笑。因此,"延参法师"红极一时后,最终也必将退出公众的视野,成为被群体狂欢遗忘的角落和现代消费文化下的一个"萌符号"。

"绳命"文体:通俗文学外衣下的娱乐至上

延参法师在峨眉山做节目的话,由于有着浓重的地方口音,所以他说的人生格言听着格外有喜感,有好事的网友用汉字打了出来,在微博上被转发无数遍后,被命名为"绳命体"。

毋庸讳言,我们今天已生活在一个全球化、多元化、游戏化的时代,意识形态大一统局面打破后,多元化使我们处于"杂语共生""众声喧哗"的文化生态和消费环境。从20世纪末至新世纪的到来,随着市场化、世俗化进程的加速发展,大众文化与消费主义的盛行,文学的娱乐游戏功能被强化到前所未有的地步,当代文学或者积极地参与娱乐文化的推波助澜,或被越演越烈的娱乐文化夹裹着身不由己,随俗沉浮,几乎难以独善其身。一方面,人们赞扬文学摆脱了"阶级斗争工具""教育工具"的束缚,朝着回归自身、注重消费娱乐的通俗化方向发展,这是一种时代的进步;另一方面,我们也不得不意识到当娱乐的重要性被社会认可、世人接纳后,人们自然会分外重视文学的愉悦性功能,注重"好读""好看",把能否给人带来阅读快感作为衡量文学的一个重要标准,"绳命体"就是在这样的环境中产生,成为一种"恶性化"的文化消费。

恶性化娱乐奉行的是"娱乐至上"的原则,它重视的是吸引眼球,瞩目的是注意力经济,把以娱乐化的方式争取读者放到了第一位。恶性娱乐化用强化娱乐功能的方式刺激感官,满足人的好奇心与窥视欲。恶性娱乐化迷恋渺小、鄙陋、庸俗的东西,却忽视了伟大、雅致、崇高的事物,用肤浅取代深沉，喧闹排挤宁静，用游戏性取代严肃性，用生理快感替代心理美感。当娱乐跃升为文学消费的核心和目标，文学的社会教化、道德批判、认识和审美功能统统就会受到压制甚至取消，变得没有内容，没有思想，没有历史，没有语境，不给人留下反思的空间，变成了娱乐的附属品。

以类似“延参法师”的人物为主角的微视频在网络上并不少见。从初始的浓烈发展到最后的偃旗息鼓，可谓“繁花似锦转头空”。现代传媒制造偶像又消灭偶像是一个非常迅疾的过程。这种快餐般的文化消费也已凸显出营养不良，并不会给我们留下些许有价值或值得回味的东西。

微视频为我们提供了许多过于强调娱乐性、商业性和消遣性的产品，其意义已被物质利益所掩盖，以致引发大众文化消费倾向的异变和错位。这一点也应该引起我们的反思。

第四回 “微”力无边
——“微传播”列传

一、一剑能当百万师——“微传播”之利器

二、只身转战三千里——“微传播”之斗士

三、千江有水千江月——“微传播”之箭镞

四、水能载舟亦覆舟——“微传播”之标靶

五、中含芒刺可伤人——“微传播”之芒刺

六、必以规矩成方圆——“微传播”之规矩

"微传播"堪称整个"微家族"的力量之源,其概念有广义与狭义之分。广义的"微传播"是指以网帖、博客、手机短信、彩信、飞信、QQ、MSN、户外显示屏以及后来兴起的微博、微信等为媒介的信息传播方式;狭义的"微传播"则专指以微博为媒介的信息传播方式。

"微传播"之"微",在于使社会上的每一个微小的个体都可以自由地发出"微声音"。这些"微声音"可以是一段话,可以是一张图片,也可以是一段视频,甚至只是一个表情符号……它们通过手机等"微介质"传播出去;而人们通过按键操作、鼠标点击等简单的"微动作"就能完成选择、评价、投票等功能,从而获得一种"微体验"。

一、一剑能当百万师——"微传播"之利器

子曰:"工欲善其事,必先利其器。"[1]在"微传播"的第一代利器中,博客是佼佼者,曾经引导着网络舆论的潮流。崛起于博客的第一代"意见领袖"们所发表的评论和意见可以短时间内在网络上得到迅速传播。"芮成钢评论星巴克""DELL 笔记本"等众多"博客门"事件都证明了博客传播的影响范围和力度。

2006 年 6 月,全球著名的微处理器厂商 AMD 公司正式宣布签约国内著名演员徐静蕾,并在其博客投放广告。具有"中华第一博"美誉的徐静蕾正式成为 AMD 公司大中华区移动计算技术品牌的形象代言人。而 AMD 看中除了徐静蕾作为演员的知名度之外,更看中其在博客上超高的人气。一向以创新作为企业竞争法则的 AMD,借此开展了一场以博客营销为主导的网络营销方式。

[1]此语出自《论语·卫灵公》。

"青,取之于蓝,而青于蓝;冰,水为之,而寒于水。"[1] 如今,博客已是日薄西山;论及"微传播"之利器,则首推微博。微博,是"微型博客"的简称,是一个基于用户关系的信息分享、传播、获取平台。用户可以通过WEB、WAP等各种客户端组建个人社区,以140字左右的文字更新信息,并实现即时分享。

美国的推特(Twitter)是最早和最著名的微博。而推特(Twitter)的诞生其实是一个偶然事件。2004年,伊万·威廉姆斯和好友斯通创办了Odeo公司。2006年,公司团队出现了问题——团队成员似乎没有了激情,更糟糕的是,当斯通和威廉姆斯需要某个人时,往往找不到人影,他们甚至很难召集一个会议。总有人询问技术团队一个问题:"你在干什么?"

为了解决这个问题,公司软件设计师多尔西花费了两周时间,在短信服务的基础上,做了一些改进,设计出一个软件,通过发送短信回答"我在干什么"这个问题。

2006年年底,公司对服务进行了升级,用户无须输入自己的手机号码,而可以通过网站接收和发送信息,这个看起来甚至有点简陋的通信软件,就是推特(Twitter)的前身。后来,这一软件受到越来越多人的欢迎,Odeo公司决定主推这项服务,并创办了Twitter网站。

Twitter的音译就是"推特",主要用途是将人们的所见所闻、所思所想用最简单的几句话发布到网络上与朋友们分享。在这里,彼此加关注的朋友可以随时了解对方的生活和思想动态。

推特的图标是一只蓝色的小鸟。因为在英文中,Twitter的本意就是小鸟的叽叽喳喳声。事实上,这只蓝色小鸟的诞生正是为了满足人们的表达欲和分享欲,用一两句话告诉世人"你在做什么"。

登录推特(Twitter)的渠道有很多种,除了通过网页登录,用户还可以

---

[1]此语出自《荀子·劝学》。

通过手机、MSN、QQ等即时通讯工具向推特平台发布不超过140个字符的信息，随时随地记录人们的思想和感悟。这种多样化的渠道，保证了时时有用户在线，时时都在发布信息，打造出一个“永远在线”的世界。

那么，为什么会有140个英文字母的限制呢？

这要追溯到推特（Twitter）的最初功能。推特（Twitter）在设计之初主要是提供多媒体微博社区服务，目的是便于好友之间通过手机发送文本信息，彼此分享生活中的片断。当时，一条手机短信的最大容量是140个英文字母。短信息作为推特（Twitter）的原始文本，其140个字母的限定决定了其文本的最大容量。

推特（Twitter）自2006年创办至今，已经有5年的历史。虽然时间很短，但它却创造了互联网发展史上的一个奇迹。在短短5年时间之后，推特（Twitter）在全球的用户量达到了惊人的2亿。2011年8月15日，推特（Twitter）在Alexa全球互联网公司排名中，位居第九。而推特（Twitter）的奇迹还远不于此。

2007年3月，美国得克萨斯州奥斯丁市举办全美最大的音乐盛典，吸引了大批音乐爱好者前往。推特（Twitter）利用了这次绝佳的机会，在显眼的地方安装了两块51英寸的等离子显示器。人们通过推特（Twitter）找寻彼此，推荐白天和夜间值得参加的活动。这些信息在显示屏上一览无余。同时，无法亲临音乐节的人们，也可以通过推特（Twitter）观看这场盛会，并参与讨论。这件事引发了媒体的广泛关注和大量报道，推特（Twitter）也因此获得当年的互动网络大奖。

推特（Twitter）还成就了第一位“互联网总统”——美国总统奥巴马的竞选成功与推特（Twitter）有直接关系。2008年美国总统大选，奥巴马开通了推特（Twitter）账户，并连续进行超过250次的更新，与网民沟通，不断宣传政党理念，塑造个人形象。奥巴马用黑莓手机发推特（Twitter）的照片，传播开来，使其赢得了众多年轻网民的支持。可以说，无论是对奥巴马还是对推特(Twitter)而言,这都是一个成就彼此的成功营销案例。

推特(Twitter)的流行,在成就网站自身的同时,也创造了一个新名词。据《每日电讯报》报道,随着推特(Twitter)受到越来越多的用户追捧,“Twitter”一词很快也得到学术界认可,并很荣幸地被收录进《科林斯英文词典》。它有名词和动词两种词性,其中名词 Twitter 的释义为“一个让人们发表有关个人现状的短消息的网站”,而动词 Twitter 的释义为“在 Twitter 网站上写短消息”。[1]

Twitter 的巨大成功在第一时间吸引了中国内地创业者的目光。国内运营博客业务最成功的门户网站——新浪在 2009 年推出了如今风生水起的新浪微博。

据新浪负责微博开发的总经理彭少彬介绍,新浪确定推出微博产品是在 2009 年 5 月的成都高管会上。不过,直到当年 7 月,新浪“互动社区事业部”与“桌面产品事业部”合并成为“新浪产品事业部”后,新浪微博的开发才正式宣告启动。

新浪执行副总裁陈彤在新浪微博业务上线时显得胸有成竹:“我们看到了成功的可能性。”接着,他又说,“在新浪推出微博之前,国内还没有说得过去的微博产品。”

在接受记者采访时,陈彤对新浪微博的信心显得更加坚定:“新浪在推出微博之前,借助于过去 10 年做论坛、做新闻和博客的管理经验,在技术上和采编流程上也做了很多工作,我们对信息发布的审核和管理有一套很成熟的流程,并且根据不同的等级会有相应的应对措施。新浪之所以投身于微博领域,也是源于我们的技术积累和采编经验。”

2009 年 8 月,新浪推出“新浪微博”内测版,成为门户网站中第一家提供微博服务的网站。微博正式进入中文上网主流人群的视野。为了抢占

---

[1] 窦含章,李未柠. 政府如何开微博[M]. 北京:中共党校出版社,2011:1-4.

先机，新浪运用了其最熟悉的战略——拉名人。地产大亨潘石屹回忆——2009 年 8 月，新浪执行副总编陈彤出面邀请他注册微博时，两人正在办公室吃盒饭；潘石屹一边吃，一边问："你说我如果上你这儿干，能达到一百万粉丝吗？"对方想了想："估计得几年时间吧。"[1]

从这个细节可以看出，即使是当年新浪的高管，也并未预测到新浪微博在日后的发展速度。两人都没有想到：四年过去，潘石屹的微博已有了 1 600 万粉丝，相当于南美国家厄瓜多尔的人口总数。2009 年末，在老友潘石屹的介绍下，使用着老式手机、只会拿着眼镜腿在屏幕上手写输入汉字的地产商任志强，也走上了微博之路。

同时，新浪制订了非常完善的战略规划，并依靠过去多年的经验积累，在对中国互联网和言论规则有了成熟掌控之后，寻求到一种介于官方和民间的谨慎接触点：一方面，微博上的言论要符合中国互联网的监督下限；另一方面，要满足用户对互联网的遐想上限。

新浪庞大的"名人博客"资源也在其微博业务"一夜做大"的过程中起到了保驾护航的作用。作为国内四大门户网站之一，新浪曾经在门户网站开办博客服务的大潮中赢得过许多网民的信任和青睐。"老徐的博客"就曾被无数网民追捧，点击量超过千万。

其实，名人博客就是新浪和名人之间的合作，微博只需将"名人博客"的资源和模式拷贝过来就可事半功倍。

在此后的试运行阶段，这种想法与实际情况不谋而合。短短两个月时间，新浪微博的排行榜冠军宝座就被演员姚晨夺得，而她的微博粉丝竟然接近 60 万人。除了名人，草根微博也迅速蔓延。台中女孩萧姗姗因为最先记录下发生在 2009 年底的台中地震而广受关注。接下来的两个月间，

[1]大 V 近黄昏[N]. 南方周末，2013-09-12.

其微博留言达到了 700 条。[1]

然而,国内网站在引进推特(Twitter)服务模式时,照搬了 140 这个数字的限定,却没有考虑到 1 个汉字占用 2 个英文字母的实际情况。因此,这种“误搬”使得中国微博的最大信息容量相当于280 个英文字母,比推特(Twitter)的信息容量大了一倍。这就使中国的微博表达能力比推特(Twitter)更强。

那么,微博中的“@ ”符号又代表什么含义呢?

@ 的起源可追溯至西班牙,最早是一个重量单位,读音为“阿罗瓦”,英语读作“at”,中文称之为“圈 a”。2009 年 9 月 25 日,新浪微博官方博客发表博文《@ 功能上线,微博上交流更方便 》。所谓“@ 功能”,即“对他说”的功能。这一功能的上线,加强了微博发布的针对性。

简单地说,@ 在微博中实现了三个功能:第一,当发布“@ 昵称”的信息时,意思是“向某某人说”,对方能看到你说的话,并能够回复,实现点对点的沟通;第二,由“@ 昵称”这个字眼,可以直接点击到这个人的页面,方便大家认识更多朋友;第三,所有信息有一个汇总,可以在首页右侧的“查看@ 我”中查看。

其实,伴随着国际互联网的迅速发展,@ 已经不仅是一个符号,也不仅是用于微博中,还是一个网络时代的代表符号。例如,很多公司、机构称“E 时代”,有些人也称为“@ 时代”。@ 符号的应用已经越来越广泛,也有很多机构和个人把@ 作为自己的 LOGO 等。可以说,@ 已经完全走进百姓的日常生活,成为“微时代”的一个标志性符号。

2009 年,中国微博注册用户还只有 800 万,但微博已开始成为中国网民上网的主要活动之一。至 2010 年,国内微博迎来春天,如雨后春笋般涌现。新浪、腾讯、网易、搜狐四大门户网站均开设微博。截至 2013 年 3 月

---

[1]郭亮. 微博将带来什么[M]. 北京:中华工商联合出版社,2010:8.

底，新浪微博注册用户数增长到5.36亿，比2012年底增加6.6%；微博日活跃用户数比2012年底增长7.8%，达到4 980万。

中国内地的微博从起步到达到如今的用户数量，仅仅用了四年时间，超越了任何一种媒介的发展速度，成为社交媒体中最为活跃、炙手可热的平台，也彻底改变了媒体信息的传播模式。微博中诞生的各种热词可以迅速走红网络，微博上的很多热议话题也能迅速成为社会热点。"一剑能当百万师"的"微博效应"逐渐形成。

二、只身转战三千里——"微传播"之斗士

2007年1月26日，在"中国互联网发展状况新闻发布会"上发生了惊人的一幕——"我是一名博客，请问……""野奔博客"的博主吴先生在发布会上提问时还有些紧张，在场的记者们无一例外地用惊讶的目光看着他。这一问可以被视作中国博客的首次提问，标志着"微传播"登上大雅之堂。

凭借着夜以继日的勤奋写作、旗帜鲜明的个人风格、直接对读者负责的独特方式，博客在互联网上的号召力赋予了他们合理的传播者身份。连《时代》杂志都为其捧上年度人物的称号，他们当然有资格在发布会上提问。"野奔博客"的首次提问宣告了一个"微传播时代"的到来。"微传播"已然具有了与主流媒体的传播活动分庭抗礼的地位。

"一身转战三千里，一剑曾当百万师。"王维的《老将行》中有此名句。我们也经常用其夸赞一些社会活动家和新闻工作者。如今，拥有了"一剑能当百万师"的"微博利器"，那些"微博斗士"们足可"只身转战三千里"。例如，"打假斗士"方舟子揭发的"唐骏学历门事件"就是一个典型的"微传播"案例。

2010年7月，学术"打假斗士"方舟子揭发唐骏学历造假一事，迅速在

网上被炒作升温,成为舆论关注的焦点。而整个事件的起因,恰恰是源于方舟子在微博上与网友的互动。

7月1日,有网友在微博上问方舟子怎么看待成功学,怎么看待唐骏。方舟子用微博回答说,唐骏的“加州理工学院博士学位”是假的:

方舟子:回复@萨根:唐骏的“加州理工学院博士学位”是假的,是不是也要大家跟着复制如何造假? //@萨根:最近唐骏有一本《我的成功可以复制》,一看书名就是明晃晃的忽悠。成功学和宗教有类似之处,如果通过学习成功学你成功了,说明成功学有用,如果你没有成功呢,说明你努力不够。

方舟子同时在微博上指出:

方舟子:回复@付强2010:一、加州理工学院计算机系校友名单中没有此人。二、美国大学博士论文数据库中找不到此人的论文。//@付强2010:唐骏的博士学位是假的? 有根据吗? //@方舟子:回复@萨根:唐骏的“加州理工学院博士学位”是假的,是不是也要大家跟着复制如何造假?

因为有了这样的微博对话,方舟子开始进一步查证唐骏的学历问题,发现唐骏自称的“在美国有几项发明、靠卖专利赚了钱”、在美国“开办律师事务所”、在美国开办公司、某年获得绿卡等,不是可疑、可笑,就是不可能、造假。

“唐骏学历门事件”几乎立刻受到各类媒体的关注,雪球越滚越大。唐骏通过媒体采访以及自己的微博澄清和辩解,方舟子也通过微博加以批驳。微博平台上,甚至很快形成了“挺唐派”与“挺方派”两大派系。两派网友在微博上针锋相对,各不相让。

7月6日,唐骏用微博表达了自己的明确态度:

唐骏:第一,今后我的名片上会加印一个博士在名字后。第二,法律会让现在和今后那些捏造事实诬陷他人者付出代价。第三,我还是我,什么都没改变,一个我行我素明天开始你行我素的唐骏! ……最近有点烦有点烦，好在明天就不烦了……

之后，唐骏便不再更新微博，不再回应微博上的各种质疑声音。方舟子则在微博中大量曝光调查中得到的各种线索和证据，并进一步质疑唐骏的诚信：

方舟子：一个人如果连履历都可以捏造，而且捏造得很低级，习惯性地造假、说谎，不断地用新的谎言掩盖旧的谎言，那么我们如果相信他的其他方面就都是真实的？他的企业业绩、发展方案、财务报告还值得信任吗？

通过微博这一传播平台，"唐骏学历门"迅速成为2010年的中国新闻热点。事件本身在中国普通网民中的影响更不容忽视。例如，原本默默无名的"美国西太平洋大学"迅速变得家喻户晓，像钱钟书在《围城》中提到的"克莱登大学"那样成为"假文凭"的代名词。可以说，微博在这种影响广泛的传播效应中起到了至关重要的作用。

12月10日，唐骏在"学历门"发生半年之后，再次在微博上发表自己的观点：

唐骏：这个事件我有没有责任？有责任，我是当事人我要负主要责任。这个责任在于什么，我对我自己的学历采取一个含糊、不透明的方式，如果我说我错在哪里？我应该在所有的场合都说我毕业于美国西太平洋大学就可以了，就不会有这样的事，起源就是我没有透明起来，含糊了，这是我的错，很严重的错。

唐骏：但是你说我是造假我是坚决不同意，我自己觉得我自己没有错，但是我的错在于刚才说的那种含糊，不透明，是虚荣心造成的。所以我把它当成一个娱乐，这样会放松一点，而且是十几年前的一件事情，大家娱乐一下，我从来没有说通过我的学历获取我的利益，获取我的资本，获取大家的信任。

方舟子也毫不含糊，在微博上回应：

方舟子：唐骏是不是觉得时过境迁，大家的记忆开始模糊了，才出来喊冤？大家的记忆可以模糊，标榜你是加州理工博士的众多造假证据可不会消失，都还在微博上列着呢。而且这冤枉还喊得前言不搭后语，“我自己觉得我自己没有错，但是我的错在于刚才说的那种含糊”，你究竟是觉得自己有没有错？

在此类事件中，微博自始至终是一个重要的传播媒介，成为诸如方舟子等“微博斗士”们手中无坚不摧的“利器”。当然，在践行“微传播”的过程中自然要经历许多波折；不过一旦行动者自觉起来，参与其中的人数和他们带来的影响将是极具潜力的。

在这一方面，韩国网民给我们提供了榜样。韩国的“Oh my news 我的新闻”网站，从 2000 年 2 月创办以来，已经成为最具影响力的网络新媒体。而该网站上登载的新闻，主要来自于社会普通市民。网站创办时，市民记者数为 727 人，而目前人数则超过 38 000 人，点击率为每日 200 万次。[1]

这些人数接近四万之众的市民记者其实就是如今所谓的“公民记者”。在以前，只有少数人能够专门从事记者工作。但随着传播技术的发展，尤其是微博的诞生和普及，“公民新闻”开始兴起，普通人凭借自身的爱好和技能也可以从事记者和编辑工作，成为“公民记者”。

“公民记者”的概念出现在 2000 年之后，到目前为止尚无确切的定义。不过，它基本上体现了这样的理念：在互联网时代，因为每个人在技术上都有可能成为信息的发送者；所以，每个人也就成为了潜在的新闻记者。而这种以公民身份参与传播的新闻信息就被称为“公民新闻”，采制这种新闻的人就被称为“公民记者”。

他们在践行一个个传播梦想的同时，也在表达这样一个声音：拥有了表达的自由，并不代表公民社会已然建成。每一位社会成员不仅需要质疑

---

[1]《中国公民记者第一人周曙光》，来源：德国之声电视台，http://media.ifeng.com/pk/profie/200811/1110_4396_870612_1.shtml。

和发问，还需要在行动中将社会公民意识实践为彼此之间的宽容、尊重、平等、自省和理性。微博为“公民记者”提供了历史舞台。“公民记者”源源不断地采制出“公民新闻”，滋润着微博这类社交媒体，逐渐形成新闻传播的自觉意识。

追溯起来，“公民记者”起源于信息咨询和媒体传播双重发达的美国，而麦特·德拉吉则是美国公认的第一位“公民记者”。这个人虽然在追寻新闻信息时显得十分鲁莽，落下了一身官司，但并不影响其在美国民众心目中的形象。人们亲切地称他为“网络莽汉”。

麦特·德拉吉出生于美国马里兰州，在22岁那年只身一人来到陌生的南加州。在常人的眼里，他一直不是一名好学生。因为他从小就讨厌学校，平均成绩为D。或许是他从小的爱好为其培养起日后的新闻素养——在小伙伴们还在欣赏流行音乐的时候，他已经开始阅读《纽约日报》专栏作家的文章，甚至对里根总统的演讲起草人产生了浓厚的兴趣。

他没有读过新闻专业，几乎不可能从常规的渠道进入媒体单位。当他在哥伦比亚广播公司属下的一家礼品店找到工作的时候，他接触到了对他日后产生深刻影响的东西——一台电脑。这将改变他的一切。

没有大学文凭，没有正式训练，没有高层背景，没有一流的媒体关系，德拉吉就这样赤手空拳地投身到他理解中的网络新闻事业之中。德拉吉最终成为了礼品店的经理，在那里一边工作，一边从人们认为无价值的资源中寻找有意思的资料，并将其发往互联网上的新闻讨论组。此时，他根本不知道自己正走向何方。直到有一位读者向他提出，要订阅他所发布的各种信息。在此基础之上，《德拉吉报道》于1995年诞生了。

《德拉吉报道》在许多人看来，不过是网络上众多的猎奇性地摊小报之一，不可能成什么大气候。德拉吉对此也有清醒的认识，同时也明白新闻这一行的铁律：如果你打盹，你就输了。所以，他以惊人的速度更新自己的网页，通过邮件列表向人们发送他的种种报道。他往往拥有一些独家报道，而主流报纸却没有。

1998 年 1 月 17 日是大众传播史上值得记载的一天。就在这一天，德拉吉在自己的计算机键盘上摁下一个键，一条震惊世界的消息传到了网络上："在最后一分钟，星期六（1 月 17 日）晚上 6 点，新闻周刊杂志枪毙了一个重大新闻。这条新闻注定将动摇华盛顿的地基：一个白宫实习生与美国总统有染。"新闻的题头上赫然写着："世界独家新闻。"

德拉吉解释说："新闻周刊的报道被转帖到了一个个网上新闻组中。"而德拉吉本人也不断更新自己的新闻。他率先指出这名白宫实习生名叫莫尼卡·莱温斯基，并在网上列出了莱温斯基的简历。

随后几天，德拉吉不断抛出"猛料"，最具杀伤力的是关于联邦调查局特工手中的电话录音报道。录音中显示，莱温斯基告诉她的小姐妹，她有一条深蓝色的裙子，上面沾有克林顿的精液；她将永远不会洗这条裙子。一夜之间，属于个人的"德拉吉报道"成为全球最有名的新闻媒体。

短短几年间，德拉吉这个名不见经传的年轻人，就因率先在网络上披露"克林顿与莱温斯基丑闻"而被法新社列为"20 世纪最具推动力和影响力的十大人物"之一，与 CNN 创始人泰德·特纳等名人并肩齐名。

德拉吉报道震撼全球

戴安娜身亡

关注度 9

震撼度 9

1997 年，靠法新社"内线"的帮助，"德拉吉报道"在美国率先发布英国戴安娜王妃车祸身亡的消息，比美国各大媒体早了 7 分钟！

克林顿与莱温斯基

关注度 10

震撼度 10

这就是后来被证实的克林顿与莱温斯基的“拉链门”事件。

奥巴马与“照片门”

关注度 8

震撼度 8

2008 年,2 月 25 日,“德拉吉报道”公布了美国民主党总统竞选人奥巴马穿肯尼亚传统服饰的照片,仅仅几分钟后,这一照片成为美国各大媒体讨论的焦点,奥巴马陷入“照片门”。分析说,“德拉吉报道”网站已拥有影响总统竞选的能力。

而在中国,周曙光是第一位亲身实践“公民新闻”的采制与发布的“公民记者”。他和麦特·德拉吉的经历有着惊人的相似:没有经受正规的新闻专业训练,事业的开始均是接触到一台电脑。

周曙光生于 1981 年,在 1999 年开始上网。他没有完整地读完高中,在大学也只读了一年多。不过,他通过自学,熟练地掌握了互联网技术。从 2001 年到 2005 年,周曙光曾受雇于几家公司,担任网络管理员。其间,他也开始在自己的名为“周曙光的网络日志”的博客上,以 Zola 为笔名发表文章。而他目前的职业则是菜农。

据相关媒体报道,周曙光的父亲是退休煤矿工人,母亲没有工作;家里有兄弟姐妹五个,都靠周父的工资读书长大。

2006 年 5 月,周曙光在个人博客里发表了讽刺百度网站审查制度的文章,个人博客的访问量飙升至 2 万。2006 年 8 月,他揭发某公司的商业骗局,并拒绝该公司的贿赂,得到了更多网民的支持。

2007 年 3 月 28 日,正当重庆“钉子户”事件被传播得如火如荼之际,周曙光从父亲那里要来 1 000 元钱,带着“企图一夜成名的欲望”(其博客中的自述),乘火车从湖南娄底转贵阳,再转重庆,于凌晨“像一块疯狂的石头”到达现场。工地的现场只对记者开放，周曙光就在外围走走转转。

从3月28日下午3时起，周曙光在博客上陆续贴出十多篇文章，报道自己的行踪、遇到的人，以及人们对“钉子户”事件的反应。尽管“紧张得腿肚子有点发抖”，但他还是找着机会“撞上”当事人吴苹，并用手机的自拍功能与她合影。

除了文字，周曙光还用自己的手机拍摄并上传视频。他报道和记录了一些被平面媒体无意或有意忽略掉的事情。他的博客里也不乏幽默，报道中充满搞笑和娱乐的“色调”。例如，他用手机拍摄的视频与照片中，永远少不了自己的各种特写镜头。他还时不时会制造一些“噱头”。有一篇文章的标题就耸人听闻——《报道重庆“钉子户”的网络日志 作者Zola受伤流血》。当浏览者点击进去才大呼上当，原来他只是不小心用菜刀割破了自己的手指。

然而这些略带“娱乐色彩”的报道，出人意料地受到网友们的追捧。在他们眼里，“周曙光自费千里迢迢只身前往重庆，以独立Blogger的身份报道史上最牛‘钉子户’事件，真是太酷了！这在中国的草根媒体史上也是值得记录的一笔”。

周曙光采写的新闻为他的博客带来了超过18 000次的点击量，而他的“公民记者”行动也受到全世界媒体的关注。《南方都市报》、《二十一世纪经济导报》、英国广播公司、美国之音等大型媒体机构都报道了周曙光的行动。

毕竟，普通人很难接近主流的大众传媒，而一般网民则主要是在自己的博客里抒发心情。与此相对，周曙光的行动就显得特立独行。正如《二十一世纪经济导报》对他的评价：“特意从外地赶过去做博客报道的，目前大概只有周曙光一个人。”

也正是在这次报道“重庆钉子户”的过程中，周曙光第一次听说了自己实际上已经在实践着“公民记者”的概念。他说：“我是做这个事情的时候才知道这个概念。我以个人身份报道重庆最牛钉子户的事情之后，就有人提出了这个概念，说国外很流行，但中国很少有人知道。从那以后，就有很多人提到这个概念了。”

那么，对于实践者周曙光来说，公民记者意味着什么呢？“公民记者就是以老百姓的身份，在公民和公民的对话过程中去了解事情的发展过程吧，他在事件中就是一个旁观者的身份。”

他还煞有介事地为自己的博客取了一个吓人的名字——“周曙光全球官方网”，并发誓在这里为网友呈现某些“在传统媒体里永远看不到的中国社会的真实景象”。

就这样，周曙光迎来了自己“公民记者”工作的第一个巅峰期。当然，周曙光的行为也遭到不少人的批评。有人批评他的报道不够专业，有人说他账目不清，更多的批评者则认为他所做的一切都是为了出名。

那么，周曙光怎样回应这些批评呢？他坦承，当然愿意出名，不过也提到，他的行动还有别的动机。“一方面是好玩，另一方面也有一定的社会意义。又有用，又有趣，我觉得这已经是一个很完美的事情了。”

批评者常常忘记了周曙光提到的，做的事情不光要有趣，还要有意义。周曙光的新闻报道常常关注社会上的弱势群体。对他来讲，“公民记者”行动中所号召的“人人提笔记录自己的生活”，有着非凡的意义。他说：“维护自己的权利，是可以让这个社会大环境变得更好的行为，所以维护自己就是维护这个社会。”

著名学者崔卫平教授也非常赞同“每个人记录自己生活”的行为。在她看来，记录生活在维护自身权益之外，有着更重要的意义。她说：“我认为这种形式跟纸质媒体相比，它讲的是普通人的普通生活，不能说它不具有新闻意义，如果能让媒体变得更多元的话，这种报道也是很有意义的。周曙光是在有意识地做这些事情，我觉得很有意义，如果大家都来写身边的故事的话，尤其是一些掉在缝隙中的事情，会使人们保持一定的社会道德敏感性。"

互联网的普及将每一位社会公民都放在了麦克风的前面。人人都有了说话的机会。"公民记者"的活跃对"公民社会"的形成产生了非常积极的影响。

首先,公民记者扩充了"新闻源"。一般来说,获取新闻线索的途径有书面材料、各种会议、各类媒体、社交活动四种。新闻线索,常常表现为是一种新闻事实的简明"信号",有待记者敏锐地捕捉并给予深入挖掘。然而,公民记者不必为了完成新闻任务而疲于奔命。他们本来就生活在新闻事件当中,只要将自己的经历、感受记录下来就完成了最美的新闻取材。

其次,"公民记者"拥有独特的新闻视角。例如,在"史上最牛钉子户""虐猫事件""厦门PX"等公共事件中,大量的第一手信息,都是由"公民记者"借助于互联网发布的。在这些公共事件中,看似"草根"的公民,通过互联网将丝丝缕缕的民意联系在一起。群体智慧和声音形成巨大张力,产生了不可思议的推动性力量。

再次,"公民记者"可以对舆论机关进行舆论监督。换个角度来看,我们需要广泛的社会语境。真理往往在激烈的对撞中才能变得明晰起来。记者由于掌握了话语权而被冠以"无冕之王"的称号,一不小心便成为制约社会的第四种力量。"公民记者"的出现在观点的自由市场中发起了对他们的挑战。[1]

在"微传播"的影响下,普通人的日常生活呈现出微妙的变化。许多人不禁发问:"微传播"能给中国带来资讯的解放和生活的民主吗?

"微传播"之路,任重而道远。对此,恐怕没有人能够立即给出明确的答案。但毋庸置疑的是,实现这一目标,需要越来越多的"斗士"行动起来,利用互联网带来的技术上的全民平等,积极参与社会进程。

---

[1]刘灼,陈茜."公民记者"在社会新闻中的作用[J].品牌,2010(4).

在网络平台上，人们没有学识高下之分，没有距离远近之别，只要在“微传播”中秉公发声，就可以形成直上云霄的媒体力量。就如中国人民大学舆论研究所所长喻国明所说：“微博可以产生‘核裂变’效应，形成信息的高速大范围传播，它可以让每个人都发挥过去只有媒体才能发挥的作用。”[1]

三、千江有水千江月——“微传播”之箭镞

经典电视剧《西游记》中的男四号——沙僧曾引起网友们的关注。有网友总结了沙师弟最爱说的四句话：第一句是“大师兄！师父被妖怪抓走了！”第二句是“二师兄！师父被妖怪抓走了！”第三句是“大师兄！二师兄被妖怪抓走了！”第四句是“大师兄！师父和二师兄都被妖怪抓走了！”

不幸的是，庙堂之上的“央视新闻”竟也被总结出了“沙师弟的语言特点”。中国传媒大学就公布了中央电视台《新闻联播》的十大成语：1. 坚定不移；2. 一如既往；3. 长治久安；4. 丰富多彩；5. 与时俱进；6. 艰苦奋斗；7. 前所未有；8. 实事求是；9. 来之不易；10. 源远流长。

其实，在传统的主流传播中，常会出现一些符号性的语言特征。所谓“符号”，是指具有某种代表意义的标志，来源于规定，或者是约定成俗，其形式简单、种类繁多、用途广泛，往往具有很强的艺术魅力。

但“央视新闻”的一些符号性特征往往因呆板、保守以及模式化而为人所诟病。2012 年 7 月 9 日，央视在播出关于意大利文艺复兴名家名作展的报道时，将米开朗基罗的著名雕像——大卫阿波罗的生殖器部位打上了马赛克。新闻一经播出，就立即在网络上引发热议，网友纷纷给名画、名雕塑穿上衣服。

[1] 马海燕. 说说“微时代”[J]. 中国人大，2012(21).

相较而言,“微传播”也会形成“符号传播”的特点,却显得灵活而有趣、开放而直爽。2010年的好莱坞影片《盗梦空间》在中国内地热映之际,网络上就迅速流传出具有明显符号特色的语言句式,像后遗症一样影响着广大观影者,甚至是普通的网络看官。其格式为:“其实我是一个盗梦者,我的图腾是……,如果我……,那么我就是在梦里。”

由此格式而衍生出许多版本的“盗梦者语言”,成为当时流行的“传播符号”。这些语言通过QQ签名、手机短信、微博等新媒体传播方式又生发出诸多版本,影响呈几何级扩大。例如,其实我是一名盗梦者,我的图腾是一本“英语书”,如果我随便翻开一页,上面的单词我都认识(第一页除外),那么,我就是在梦里;其实我是一个盗梦者,我的图腾是食堂饭菜,如果打给我的瘦肉超过2两,那么我就是在做梦……

由上佳的“传播符号”可以衍生出诸多上佳的传播内容,犹如一轮明月;千江有水,则千江有月。在“微传播”中,好的传播符号不仅限于LOGO,还包括精炼传神的标语口号、直接入心的音乐和旋律等。

例如,“鸿忠抢笔”事件中,不少网友自发制作出“勿抢录音笔,可以找社长”的文化衫。这些都是非常突出的传播符号。由此想来,《南方都市报》的著名漫画《我们都脱了,该你了!》,后来被网友制成文化衫在网络上出售,并被定义为商业意义上的“布媒体”;“广西局长情色日记门”中,著名漫画作者图党制作的虚拟出版物《韩峰日记》封面……这些也都是“微传播”中的上佳“传播符号”。

“微传播”之所以独享青睐,得益于其极具人情味的特点。如果将“微传播”的内容比喻为箭镞,则看似柔情似水,却又无坚不摧。正如水弱于万物,而水滴石穿;情感才是真正无坚不摧的“穿心利箭”。

一直以来,传统的媒体传播中更为强调“喉舌功能”“宣传功能”和“教化功能”,对情感的切入点多集中于宏大叙事,强调个人对社会的奉献和牺牲。而“微传播”则将注意力转向了人与人之间的“小情感”,并在广泛而细微的传播中将其不断放大，最终实现“小情感”与“大情感”的交融与结合。

2013 年的中国电视荧屏上，“婆媳”被各种“娃”所取代，《小儿难养》《宝贝》《双独家庭》《独生子女和他们的婆婆妈妈》《断奶》《独生子》《保卫孙子》《孩奴》《小爸爸》等陆续上演，掀起一股“育儿热”。

而湖南卫视的《爸爸去哪儿》[1]、陕西卫视的《好爸爸坏爸爸》、青海卫视的《老爸老妈看我的》等多档亲子类节目则吹起了一阵“清新之风”，在网络上引发广泛关注。尤其是湖南卫视的《爸爸去哪儿》从播出第一期起，就在网络上引起热议，似乎每个年龄段的人都可以找到追看这档节目的理由。

那么，《爸爸去哪儿》这档电视节目何以在网络上掀起如此热烈的反响呢？这不仅是因为该节目在“限娱令”的背景下，弘扬了主流价值观，找到了集娱乐与公益于一身的定位方式与制作理念；还因为其以“微传播”的方式传递了“父性声音”，讲述了“家庭故事”，反映了“社会关切”。

“爸爸去哪儿”立即成为人情味十足的“微传播符号”，似一支情感利箭，直接穿透了人们心中最柔软和最忧虑的部位。其实，家庭情感和家庭教育，一直是网络热议话题，拥有广泛的“微传播”基础。而“爸爸去哪儿”则正中红心，点到了中国家庭问题的一个要害：爸爸去哪儿了？丈夫去哪儿了？

2012 年 5 月 22 日，温州大道上江路口，车水马龙。一名 3 岁的小男童开着一辆电动玩具车横冲直撞，过路的车辆纷纷避让。正在执勤的交警被眼前突现的一幕吓傻了，下意识地做了一个靠边停车的交通手势。没想到，这名小男孩居然也看懂了，还真的靠边停了下来。交警询问小男孩后

---

[1]《爸爸去哪儿》是一档版权引进节目，原版是韩国 MBC 电视台的《爸爸，我们去哪儿》。《爸爸，我们去哪儿》是韩国 MBC 电视台从 2013 年 1 月开始在每周日晚播出的综艺节目，以“爸爸带着孩子旅行”为主题，开播仅半年，便拿下了同时段综艺节目收视率的冠军宝座。

得知,他要找妈妈,已经开着这辆电动玩具车走了两公里。后来,小男孩的爷爷赶到了现场,向交警连连道谢。

在这则新闻故事中,我们只看到了一名找妈妈的孩子、一件冷冰冰的玩具和一位年迈的祖辈。在这名男童问着"妈妈去哪儿了"的时候,我们其实还应该问一句"爸爸去哪儿了"?

新浪网在2009年的调查显示:在1988名被调查者中,60.7%认为"现在的孩子缺失父教";在回答"在你的成长过程中,谁承担了更多教育责任"时,46.9%选择了母亲。

2008年,中日韩美四国的研究者发现:中国高中生将父亲选作第六倾诉对象,排在同性朋友、母亲、异性朋友、兄弟姐妹、网友之后。

中国青少年研究中心2005年"当代中国少年儿童发展状况调查"的数据显示,在被问到"空闲时间,你和谁在一起的时间最长"时,仅有6.9%的人选择了父亲,在被问到"内心的秘密,你最愿意告诉谁"时,仅有8.5%的少年儿童选择父亲。

可见,无论是在情感、陪伴、尊重、亲密还是在问题解决方面,父亲为孩子提供的支持都不多。这说明一些父亲在孩子成长中并没有承担应尽的家庭责任。而家庭亲子问题又直接影响到夫妻情感问题。

一项名为"2012中国人婚恋幸福感"的调查报告呈现了一组稍显触目惊心的数字:中国离婚率连续7年递增;22~35岁人群是离婚主力军;北京、上海的离婚率已超过1/3。捏合在一起,大城市、年轻人,渐渐成了中国式离婚的主力人群。

而一个个破碎家庭的背后则潜藏着许多人在家庭观念上的冷漠。现代人随着物质生活水平的不断提高,对精神层面的需求不断加强,再加上现实生活的压力和新思潮的不断冲击,情侣、夫妻的二人关系问题逐渐成为现代情感问题一大主流。"七年之痒""外遇""网上婚外情""亚出轨"等字眼成为两性关系中常常出现的关键词。

而“爸爸去哪儿”却可以独辟蹊径地引导人们从“育儿”这个角度来关注夫妻关系。曾有人发帖讲一对山东青岛的年轻夫妻因为喜爱玩网游而走到一起，但积累的家务琐事让二人有了隔阂，最终选择离婚。房子、孩子归属男方，双方都无异议。但提到电脑时，妻子坚持要手提电脑，并称“我没房子，你叫我搬着台式机在大街上打游戏?”而丈夫却绝不让步。夫妻离婚，不争孩子，却争电脑，既雷人，又寒心。“爸妈去哪儿了?”爸妈在电脑桌边，却不在孩子身边，身体近在咫尺，心灵远隔万里。试想，孩子在这样的家庭环境中如何能健康成长。

在这些经网络传播的事件中，都呈现出一个问题——“爸爸去哪儿?”只有将父亲的角色扮演好，才配得上父亲的身份。其实，从整个世界的社会分工、传统文化、家庭观念等方面来看，父亲的淡出已经不是孤立、单一的问题，而是一个复杂的社会问题。

孩子的出生让家庭中的男人和女人拥有了“父亲”和“母亲”的身份。而共同实施“育儿”的过程，既是承担一种社会责任，又是彼此在转变身份后的一种重要情感沟通模式与途径。

“爸爸去哪儿”成为网络热议话题，不仅因为人们从一档节目中看到了几段中国家庭的情感故事，还源于人们通过这些父子生活经历而感悟到了“育儿之不易”。由这些热议而形成的“微传播”，又从侧面上表现出一直以来作为中国家庭“育儿主力”的母性之伟大和不易，既达成了父亲与孩子的沟通，又实现了丈夫与妻子的交流。作为一位父亲应该往哪儿去，作为一位丈夫又应该往哪儿去，热议之结果，不言而自明。

《爸爸去哪儿》这档节目为中国“父性教育”提供了典范，而随后引发的网络热议和思考则进一步为其指明了路径——那就是“与孩子同行”。

亲力亲为，与子同行。因为孩子的出生，父亲才拥有了“父亲”的角色和身份。从这个意义上讲，父亲就是孩子成长的“同龄人”，理应与孩子一同成长。这样才能把握孩子成长的脉络，跟上孩子成长的足迹，理解孩子成长的困惑。

而父亲角色的获得，并非生而为之，而是学而为之，在学习的过程中不仅要完善自身的人格修养，主动学习教养知识，还要更新家教观念，既做孩子之师，又为孩子之友。如此，才能成为一名“不缺不偏”的合格父亲。

可见，“爸爸去哪儿”这支利箭正射中了“父性教育”这一中国社会的现实问题，呼吁中国父亲在育儿生活中发出更强的声音。

2013年，习近平总书记在“8·19”讲话中指出：“要讲好中国故事，传播好中国声音。”那么，讲述故事就要入心，传播声音就要入耳。只有以情感为推动力，“微传播”的内容才能越过千山阻隔，直上万里云霄。上善若水，唯有情感才能超越一切界限，就如佛家偈语所讲：“千江有水千江月，万里无云万里天。”[1]

四、水能载舟亦覆舟——“微传播”之标靶

唐太宗李世民曾告诫后人：“舟所以比人君，水所以比黎庶，水能载舟，亦能覆舟。”而“微传播”的出发点正是民众的福祉。在人民群众的根本利益面前，顺之者昌，逆之者亡。于是，那些损民福祉者往往成为“微传播”的众矢之的。

近年来，沦为“微传播”标靶的西方政治人物中，各色丑闻层出不穷的意大利前总理贝卢斯科尼首当其冲。被中国网友们戏称为“老贝”的贝卢斯科尼是意大利首屈一指的媒体大亨，在传统媒体领域的控制力毋庸置疑，但也难以阻挡“微传播”的“枪林弹雨”。且看下面这些被媒体转载的报道（节选）：

---

[1]此句偈语出自宋代《嘉泰普灯录》。

贝卢斯科尼妻子出书曝其丑闻内幕　劝夫戒色

因丈夫风流成性,2009 年 4 月提出离婚的贝卢斯科尼妻子拉里奥终于打破缄默,在即将上市的新书中大爆内幕,指丈夫身边的人都希望他接受戒除色瘾的治疗。她又指丈夫满口谎言,已成为国际笑柄。

意总理拒为“她”下台　痛斥媒体“疯了”

2011 年 1 月 18 日,意大利多家媒体公开了一份经由窃听所得的对话内容。对话中,艺名“鲁比”的舞女承认与贝卢斯科尼“发生关系”。在意大利,与未成年人发生性交易属犯罪行为。不过,屡出绯闻的贝卢斯科尼本人似乎并不焦急。他在 18 日遭媒体记者提问是否会屈于压力辞职时,这位 74 岁的老政客反问:“什么,你们疯了吗?”

据悉,参加过老贝性派对的年轻女孩实在太多,她们之间经常发生激烈竞争,以决定究竟谁会留下陪老贝过夜,而留下过夜者则会获得更多礼物。但老贝否认与 24 名女郎办性派对,称自己并非超人。

意总理遭开涮成动物绝育广告代言人

2011 年 2 月,贝卢斯科尼被一系列聚众淫乱的桃色丑闻弄得焦头烂额,令人啼笑皆非的是,一家动物保护组织竟“落井下石”地拿他开涮,在一则宣传动物绝育的新广告中以纵欲无度的贝卢斯科尼充当“反面教材”,并配上老贝照片一张,而广告词则是:“太多性行为可能是一件坏事……猫狗也一样!”这则广告发布后,立即起到绝佳的宣传效果,但显然也将令老贝恼火万分。

意大利总理建议改党名为小妞加油党

随着意大利债务问题的日益加剧,贝卢斯科尼本就是非不断的日子愈发难过。根据英国《每日邮报》2011 年 10 月 6 日报道，一心想提高支持率的老贝走出一步昏招：提议把他领导的自由人民党，改名为“小妞，加油”党。此建议一出，立刻招致党内外一片谴责之声。

其实，滑稽的老贝在遥远的意大利无论如何“倒行逆施”，几乎都与他国无碍。但是，俗话说：“好事不出门，坏事传千里。”这些负面新闻经过“微传播”的扩散，却足以让老贝在他国的网络上“名声大噪”，并逐渐累积成强烈的“倒贝呼声”。

老贝早已灰头土脸地下台了，但许多国家的政府部门和媒体单位却还没有清醒地意识到“微传播”的影响力。“微传播”看似无坚不摧，其实也是“双刃剑”。如若被居心不良者用以传播虚假不实的信息，将造成严重的社会问题。

很多人都观看过日本系列恐怖惊悚片《鬼来电》。片中，人们通过手机接收到攸关生死的恐怖信息。恐怖感随着信息的传播而扩散开来，令人不寒而栗。作为电影故事片，《鬼来电》只是艺术创作而已。但在 2012 年的印度“恐怖短信”风波中，这一切却变成了现实。

2012 年 7 月下旬，印度东北部阿萨姆邦的土著居民与外来的穆斯林移民之间爆发了严重的暴力冲突，并酿成大规模流血事件，造成至少 80 人死亡。随后不久，印度南部地区的原籍为阿萨姆邦的务工者纷纷收到手机的群发短信，声称：穆斯林将在“开斋节”之日大开杀戒，对原籍为阿萨姆邦的人进行报复。

8 月上旬开始，数万名阿萨姆邦人火速从南部逃离。后经查明，这些群发短信均属谣言。但这些谣言通过新媒体工具迅速传播，使恐怖情绪日渐蔓延，已造成了严重的社会动荡。为了制止蔓延不止的谣言，印度政府不得不颁发禁止短信群发 15 天的禁令，以扼断谣言的传播。

这一事件不仅引起了印度的国内动荡，还引发了国际冲突。印度指称，传播谣言的源头在其敌对国家——巴基斯坦，并查禁了十数家与巴基斯坦有牵连的国内网站。而巴基斯坦方面则坚决否认。任由不实信息散播的恶果，由此可见一斑。

事后，印度媒体界开始针对这一事件总结教训。有两点值得警醒：其一，是印度政府反应不够迅速；其二，是印度媒体的职能缺失，没有及时发布权威讯息来辟谣、以安定民心。

作为务工者，他们孤身在外、形单影只；在生死攸关之际受到谣言蛊惑，实属正常，无可指责。可是，印度媒体却未能第一时间发布信息，澄清谣言，让人们辨清真伪、吃下“定心丸”。这实属不该。

如此漠视“微传播”的影响，同样会成为“微传播”的标靶。2013 年初，印度“黑公交轮奸案”发生后，印度的国际形象急剧下跌。事前事后的众多负面报道被链接在一起，充斥在网络上：

印度一邦要未婚女子做处女检查　不合格不能结婚

2009 年 7 月，印度中央邦的女子被政府要求在结婚前须进行特殊的婚前检查，以确定她们是否仍是处女或未曾怀孕。目前，在已经接受检测的 151 名女性中，有 15 名被查出不合格，她们因此被取消了结婚的权利。印度中央邦首席部长乔寒解释说，准新娘们被送去检查只是履行一个“常规的医检程序”。而妇女权益保护组织则表示了强烈抗议，他们认为这是对女性的歧视。

印度男子扇农业部长耳光　抗议粮食价格上涨

2011 年 11 月 24 日，印度农业部长在新德里接受采访时遇袭，一名男子突然冲上前来扇了他一个耳光。该男子掌掴部长的原因是抗议腐败问题和粮食价格上涨。类似“掌掴部长”的案件在印度节节上升，一些部长和官员经常受到扔鞋待遇。

山寨版《愤怒的小鸟》　印度“愤怒的新娘”火爆网络

2012年初，“愤怒的小鸟”游戏红遍全球，印度随之推出了山寨版游戏。这款游戏叫作“愤怒的新娘”。推出这款游戏的网站希望借以警醒人们关注印度强索嫁妆导致的死亡案与暴力行为。据美国媒体报道，游戏问世几天，已经火爆网络，超过27万网友表示好玩。

“愤怒的新娘”游戏的主角是一位拿着平底锅、拖鞋、西红柿等武器的八臂女郎。玩家要用八臂女郎手里的武器，去扔这三位准新郎，扔中就能把准新郎的钱抢走，转移到“反嫁妆基金”中。

印度政府装修官员专厕遭舆论炮轰

2012年6月6日，印度计划委员会遭反对党和舆论“炮轰”，缘由是这一经济政策规划机构花费约合6.3万美元装修“豪华厕所”，专供高级官员使用。人民党高层旁吉讽刺说，这显示辛格政府的口号和行动之间距离有“印度洋那么宽”。

印度豪门女为争遗产变性

豪门恩怨的解决方法，往往令人侧目，尤其是在重男轻女的印度社会。印度历史最悠久的纺织厂马法特勒尔，大女儿阿贾伊为免继承权落入“没用”的弟弟阿图利亚手里，竟变性成男儿身继承爸爸的大宅。事隔7年，老马法特勒尔的遗孀马杜丽在2012年10月9日登报发声明，取消阿图利亚遗产继承人身份，表明她“只有一个儿子阿贾伊和三个女儿”。分析认为，这将为阿贾伊继承全部财产铺平道路。

对待“微传播”，反应迟钝的代价可能是一场“微革命”的席卷。在微博兴起后，“微传播”进一步具备了形成“微革命”的力量。最早将微博和革命联系起来，源于2009年6月围绕伊朗总统选举而引发的抗议活动。

伊朗首都德黑兰在大选之后的骚乱消息像野火一样在 Twitter 上传播,并被 BBC 和 NPR 这样的新闻网拾取,在全世界予以扩散。Twitter 的神奇令人惊叹:由于德黑兰封锁了手机短信传送并屏蔽了若干网站,Twitter 成为伊朗人满足信息渴望和对外发声的替代网络。

在伊朗的抗议正酣之际,美国国务院竟然向 Twitter 创办人发出了一个不寻常的电邮,请求其推迟固定的全球网络维修计划。因为维修期间,伊朗人将无法登入,德黑兰示威现场的信息也无法及时传递到外部。而 Twitter 也听从了国务院的呼吁,将网络维修时间推迟至德黑兰的凌晨时分才进行;它承认,"我们现在成为了伊朗人的重要沟通媒介"。

对 Twitter 在伊朗抗议活动当中所起到的传播和组织功能的分析,随后成为社会性媒体研究者的热门课题。当然,数字化抗议活动的整体场景其实更为复杂。因为,在伊朗使用互联网的多为家境富裕的年轻人及城市人,他们多支持反对派。这就比较容易让外界产生"伊朗快要发生革命"的错觉,而忽略了乡郊的大量保守民众的想法。

Twitter 的联合创始人比兹·斯通就承认,使用 Twitter 的只是一小部分伊朗人,未必能反映主流意见。其次,YouTube 和 Twitter 这样的工具更多地被用来进行公民报道,抗议活动本身还主要是由反对派候选人在线下集中组织的。[1]

但是仍可以看出,面世不久的微博服务已然显现出引领"微革命"的威力。相形之下,数年前依靠中东报道一举成名的 CNN 却出现了异乎寻常的沉寂。在随后的 2011 年"阿拉伯之春"运动中,"维基革命"彻底席卷了中东、北非地区。而路透社也曾报道称:"'占领华尔街'运动不断扩大的关键在于信息技术,尤其是互联网。"这就是 Twitter 所掀起的"微革命",

[1] 胡泳:《微博客　微时代　微动力》,来源:《新文化报》,http://news.163.com/10/0118/02/5T9CSP27000120GR.html。

可谓“微传播”效果的极致体现。

在中国，人们更为关注的还是“微传播”所推动的社会变革。在人民网舆情监测系统选取的2012年1月至2013年1月的100件热点舆情案例中，社会民生类舆情事件占28%，社会安全类舆情事件占12%，反腐倡廉类舆情事件占23%。

多年以来，“反腐”一直是中国人民高度关注的热点话题。如何反腐，众说纷纭，各方人士也一直献计献策，甚至出现了“小偷反腐”的奇招。2011年12月，财新网记者统计和制作的一张《过去10年“小偷反腐”10个著名案例》的图片在财新网“数字新闻”栏目下发布，随后在各大论坛和微博上疯狂传播，引发网友热议。

许多网友调侃说“小偷，反腐战线上的一支奇兵”，并建议“各级纪委、监察局在小偷中发掘一批线人”。知名学者王刚桥发文评论说，“小偷偷出贪官”的故事，符合不少公众对于个案的联想。有迹象表明，窃贼们在光顾贪腐官员豪宅时，已越来越“不客气”。

据财新网记者张焕平介绍，“小偷反腐”并不是新话题，自2000年以来，几乎年年都会发生此类案件，次次都成为热点，每次都有人发出评论。网上热传的“小偷反腐10个著名案例”也只是财新网所做的不完全统计。张焕平还分析说，事实上，一些聪明的小偷爱上了偷官员。除了收获丰厚，官员往往还选择不声张，大大降低了小偷被抓的风险。可谓“低风险，高回报”。

相较于“小偷反腐”式的奇思妙想，近年来的“网络反腐”则更见成效。其实，网络一直就是“反腐呼声”的聚集地。2010年，“足坛反赌风暴”席卷中华大地之际，网民们在齐声鼓掌的同时，就编排出《“反赌”春节晚会节目单》，借着这股劲头继续恶搞水深火热中的中国足球。

2012年12月6日上午，《财经》杂志副主编罗昌平通过微博向中纪委实名举报时任国家发改委副主任、国家能源局局长刘铁男涉嫌学历造假、巨额骗贷、包养和威胁情妇等问题。同日，国家能源局新闻办公室有关负责人对媒体表示，上述消息纯属污蔑造谣。“我们正在联系有关网络管理部门和公安部门报案、报警。将采取正式的法律手段处理此事。”

然而，2013 年 5 月 14 日，中央组织部有关负责人证实，刘铁男涉嫌严重违纪，中央已经决定免去其领导职务。2013 年 8 月 8 日，刘铁男严重违纪违法被开除党籍和公职，成为因“网络反腐”而落马的首位省部级高官。

近年来，“微博反腐”一直是舆论关注的重中之重。所谓“微博反腐”是指互联网用户通过微博客这一特定的新兴自媒体，对与公权力相关的腐败行为，进行监督、批评和揭发的社会现象。

2012 年，“微博反腐”大放异彩，其传播扩散、挖掘深度、影响范围都在不断扩大，“网络反腐”趋向专业化、娱乐化、常态化，跨入了一个前所未有的境地。“房叔”“大表哥”“雷冠希”“日记局长”等在网络的“围剿”下迅速落马。“小鼠标扳倒大贪官”成为当下中国社会的一道新景观。

随着网络举报从隐匿走向前台，实名举报成为一种新的网络爆料方式。实名制爆料的直接好处就是能更为有效地获取媒体、网友、纪检和司法部门的信任，迅速越过网络传播中的“信息辨伪”过程，凭借较高的可靠性加速传播。

实名举报有助于强化爆料者的责任意识。而带有职业报料人色彩的部分特殊人群登台，也将使舆情的来势更为猛烈。社会也更加呼唤党政部门探索有效机制，加强实名举报人的安全保护，让实名举报在反腐倡廉工作中发挥更大的作用。[1]

“新华微评”评论称：“发改委副主任刘铁男涉嫌严重违纪被调查，除因实名举报外，微博也功不可没。微博之所以能成反腐利器，在于公开，更在于真实。失去了真实，微博难免堕落为中伤谩骂的角斗场。不造谣体现的是底线，不传谣体现的是智慧。”

---

[1]唐绪军. 中国新媒体报告(2013)[M]. 北京：社会科学文献出版社，2013：51，57。

作为新兴的反腐败手段,“网络反腐”获得了社会舆论“一边倒”的叫好声。将新媒体技术与反腐倡廉结合起来,算是“微传播”的创举。2013年8月,重庆市人民检察院第一分院就推出了一款名为“远离职务犯罪”的手机APP软件。这是全国首款预防职务犯罪手机应用软件。精美的图文、可爱的动画、翔实的案例……在这款手机APP软件里,普通人只要动动手指头,就可轻松获取预防职务犯罪的各类知识。

但是,“网络反腐”所显现出的自身局限性和道德、法律风险也同样值得警醒,其规范化也成为社会思考的重点。“网络反腐:不止于晒艳照、亮房产”,网络反腐应尽快走向互联网开放环境下的“制度性反腐”。

《人民日报》对此评论道:“从刘铁男的落马,到上海招嫖法官被查处,微博举报彰显威力,也引发思考:如果没有网络曝光,这些蛀虫还要潜伏多久?如果监督渠道足够畅通,又何必如此斗智斗勇?网络只能管个案,制度才能管长远。将权力关进制度笼子,让权力在阳光下运行,我们别无选择!”

五、中含芒刺可伤人——“微传播”之芒刺

作为一种“微时代”的全新传播方式,“微传播”集合了自我传播、人际传播、组织传播、大众传播的特点;在互联网平等、去中心化和反权威精神的基础上,融入了个人性、即时性、互动性,将微博打造成为信息交流的平台。

它既不同于传统媒体的线性传播,也不同于网络媒体的网状传播,而是一种裂变传播。这种传播形态的传播速度之迅捷、传播密度之大、传播方式之便利,远非以往的媒介所能比拟。这种信息传播形态带来的影响,已经渗透到社会的每一个角落,显现出强大的威力。

2008年11月,孟买发生恐怖袭击事件,推特(Twitter)在该事件中充分发挥了其新闻传播工具的潜质。“孟买恐怖袭击事件的第一手报道是由推

特(Twitter)率先播报的,而不是传统媒体。目击者的现场报道以每5秒约80条的速度源源不断地出现在推特(Twitter)上。这些信息一部分来自于已经被恐怖分子控制的酒店内,另一部分则是由那些试图组织献血及其他公共服务的志愿者们提供的。"这说明,推特(Twitter)作为一种媒介,除了沟通交流外,还可以成为突发事件的重要新闻信息来源。

2009年夏天,流行音乐天王迈克尔·杰克逊的死讯报道让推特(Twitter)再次风光。在尚未有权威信息出现之前,大批歌迷已经赶到杰克逊就医的洛杉矶加州大学医院,他们的消息为什么这么灵通?答案是推特(Twitter),了解内情的网民通过推特(Twitter)宣告了杰克逊病危的消息。在杰克逊的死讯传出后一个小时,推特(Twitter)上冒出了6万多条有关杰克逊死亡的信息。推特(Twitter)在突发性公共事件中的快速反应,足以令CNN这样的传媒大亨汗颜。

但是,就如唐代诗人陆龟蒙的《蔷薇》中所写:"外布芳菲虽笑日,中含芒刺欲伤人。""微传播"也如"双刃剑",在显现出超强威力的同时,又忧患丛生,总使人感觉芒刺在背。

网络新形态中其实孕育着社会新形态。整个社会风气在"微传播"的影响下呈现出日益复杂的趋势。由于网络的匿名传播特性,以及群体表达的内心安全感,使得公众可以大胆地表达自己的观点。于是,在生活中"挑刺儿"的人越来越多。这当然有一定的益处。民间舆论对事件的不断关注和推进,在某种程度上也会给相关职能部门施压,推动事件得以公正处理。

2011年6月6日18时47分,在微博上出现一条博文:"都江堰普照寺的尼姑,有钱啊,买的是600多万元的房子。这年头,还有什么信仰是靠谱的?"并附有《商品房买卖合同摘要》和当事人释果证的身份证照片。该微博一出,立即引来了众多网友围观。9日下午,成都市民族宗教事务局新闻发言人红晓证实:的确有这么一回事;不过,房产并非尼姑本人的,而是寺庙的;这种做法不规范,该局已于5月23日作出了处理决定。

但是，“挑刺儿”的背后又往往潜藏着某些社会负面情绪，如果在“微传播”中形成一种习惯，就会在网络上滋生出偏激的群体情绪，甚至演变为现实中的极端恶性事件。这些偏激的情绪蔓延开来，就会将网络监督的优势转变为对社会正常秩序的伤害，带来负面效应。

陈凯歌导演在2012年推出了电影故事片《搜索》，探讨了“微传播”中偏激与盲从的群体心态。该片改编自文雨的网络小说《网逝》，从一个极小的社会事件说起，窥见了“微传播”中伴生的种种弊症。

片中，心情不佳的都市女白领叶蓝秋（高圆圆饰）在早晨上班时，在公交车上拒绝为一位老大爷让座，并指着大腿说了一句气话——“要坐坐这儿”。谁料，这起“不让座事件”被一位实习记者用手机拍了下来，并被电视台王牌栏目《今日事件》曝光，迅速成为网络热议的话题。在电视台的跟踪报道中，一通匿名的热线电话又爆料称叶蓝秋实为富商的“小三”。

一句“要坐坐这儿”成为爆点，网络上开始对叶蓝秋掀起声势浩大的声讨。随着事件的发展，对不道德的谴责与争议、对“白富美”的“羡慕嫉妒恨”、对消遣对象的“孤独寂寞冷”、对“小三”的愤怒、对富商的仇视……种种网络情绪被逐一调动起来，并最终彻底吞噬了事件当事人——叶蓝秋的生命。

其中，对“小三”身份的“爆料”，无疑是这出悲剧中火上浇油的一笔。但在这一事件的传播过程中，很少有网民去质疑这位所谓“小三”的真实性。即使质疑的声音出现过，也迅速被群体性的偏激情绪所覆盖。在这种偏激的网络声讨中，人们寻求的似乎只是一个代表“小三”的标靶。

其实，在如今的社会转型期，涉及道德滑坡、法治不彰、官员腐败等因素的某些社会事件，在“微传播”中往往都会引发偏激情绪的暴增。同时，“微传播”的匿名表达和碎片化书写，也成为网络情绪极端化的助推器。

对此，就有学者们直陈弊端：“强化论点而缺少论证，往往需要情绪化的语言打动人而不需要理性的讨论，尤其匿名者更无须承担任何责任。这造成微博里骂声一片,客观、理性的意见往往受到忽视或蔑视。这就使得网上的言论趋于不同的极端,而复杂的观点难以展开。于是,扣帽子多于讨论、骂人多于说问题,此现象有蔓延趋势。”[1]

在偏激之外,盲从也是“微传播”中的一种负面心态。而这又与微博的用户结构有关。《2013 中国新媒体发展报告》显示,在 3 亿多的微博用户中,10 ~ 39 岁用户总访问次数占 81.68%,高中学历以下用户占 74.88%,月收入 5 000 元以下的则占到 92.2%,其中无收入群体人数最多,达到 9183.5 万人。

总体学历偏低、年龄偏低、收入较低,这些特质在一定程度上导致了微博用户们所拥有的价值观的不稳定性。而盲从的心态和行为成为“微传播”中一股不容忽视的潜流,并进一步导致围绕一些事件的舆论走向偏激化和极端化。

当盲从心态持续扩大,便为一轮又一轮的网络谣言在“微传播”中滋长提供了沃土。据人民网舆情监测中心统计,2012 年 1 月至 2013 年 1 月的 100 件热点舆情案例中,事件中出现谣言的比例超过 1/3。一些网络上流传的谣言甚至对社会生活造成了严重的负面影响。日本核泄漏引发蔓延全国的抢盐潮,“世界末日”的说法让一些人捐出了全部家产……

面对“微传播”,轻信与盲从会让人们付出沉重的代价。而这也要求我们的政府部门更加高效、开放、透明。央视主持人张泉灵说:“防止谣言四起的一般规律:公开比捂盖子强;早说比晚说强;主动说比辟谣强;谣言已生时,让当事人接受有信誉媒体采访,比简单发布会强;发布会就记者提问。”

谣言的大量存在也带来了另一个副作用,那就是太多的不可信造成了网民的习惯性质疑。具体表现为,面对各种社会关注度较高的事件真相

[1]刘阳,赵婀娜.深聚焦·关注“微时代”的社会心态 3:“微时代”的偏激与极化[N].人民日报,2013-08-15(17)。

时，仿佛怀疑比相信更有见地，解构比建构更有气势。事实上，却汇聚成了一种以“反谣言”姿态存在的真谣言。例如，公众对于“击毙周克华”是否真实的质疑就是一个典型案例。

研究者分析指出，不管以何种网络平台为传播渠道的“微时代”谣言，根本上体现的是民众内心深处的担忧和恐慌。大多数谣言背后并无显著恶意动机。谣言得以生成和传播，原因在于它们所体现出的价值判断往往暗合了许多人对当前社会现状的认知，从而使得谣言的说服力有时候比真相更加强大。

“微传播”的种种与生俱来的特质或许是无从改变的，在一定程度上形成了带有残缺性的传播方式。所以，在“微传播”过程中，社会各界也应积极地促进信息公开，回应民众诉求，提高社会管理能力，加大透明力度，完善监督体制，强化法律规范，从而为“微传播”拔出“芒刺”。

六、必以规矩成方圆——“微传播”之规矩

在“微传播”的开放式话语平台上，看似“人人都有麦克风，人人都是自媒体”，但并非每个人的声音都具有同等的辐射力，也并非每个人的话语权都绝对公平。

公共空间表达的闸口一旦放开，语言和观点的泛滥势必如同洪水一般袭来。在广袤的话语平台上，谁的声音最响，谁的传播力最强，谁的影响力最大，就成了一门许多人致力研究的学问。于是，在“微传播”的各个公共平台上，通过各种方式、“八仙过海”般寻求出名捷径的“名人”不断出现，也有越来越多的人将网络作为自我“营销”与博取关注的重要渠道。于是，光怪陆离的舆论生态便成为“微传播”中的重要景观。

2013 年 8 月，北京警方打掉了一个在互联网上蓄意制造和传播谣言的网络推手公司——北京尔玛互动营销策划公司。秦志晖（网名“秦火

火”)、杨秀宇(网名“立二拆四”)及公司其他两名成员被警方抓获。

“7·23”动车事故发生后,散布中国政府花2亿元天价赔偿外籍旅客的谣言;捏造雷锋生活奢侈,称这个道德楷模全由国家制造;凤姐、干露露等恶俗事件均有其炒作的魅影……“秦火火”等网络推手的这些行为,显然违反了互联网底线[1]。

在“微传播”中,造谣诽谤、侵犯名誉权和隐私权等网络行为也成为全世界共同面对的难题。近年来,在国家治理层面,无论是标榜言论自由的美、英、日,还是政府主导监管的德、澳、新,抑或强调政府与社会治理双轨并行的法、韩等国,都加大了惩防力度,通过法律规制、技术监控和社会共治来重锤出击,呈现出严防网络谣言的全球化景观。

2013年6月21日,人民网刊登了《各国打击网络谣言实例》一文,列举了各国近年来打击网络谣言的实例。从以下材料中基本可以看出,网络立法在规范社会秩序、打击网络谣言方面具有重要的意义。如果一个国家没有相应的法律作为保障,打击网络谣言的力度将会很微弱,产生的效果也不会很明显。

例如,下文中“墨西哥黑帮杀手新闻”,因为该国互联网监管力度较弱,最后只能不了了之,引发民众强烈不满。

2006年,美国一女子因在网上被另一名女子称为“骗子”“行骗大师”且持续时间达十个月之久起诉对方诽谤罪,获赔1 130万美元,创了此类案件的最高赔偿纪录。

2008年10月,韩国女星崔真实不堪网上谣言困扰、上吊自杀。警方随即展开了打击互联网谣言的行动,逮捕了2 030人,其中11人因严重违法行为被刑拘,另外2 019人也被起诉。被捕者中59%涉嫌诽谤或藐视法

[1]2013年8月10日下午,网络名人齐聚中央电视台新址演播厅,畅谈网络名人的社会责任,一致认为,网络名人应承担更多的社会责任,传播正能量。最终,达成共识,共守“七条底线”:法律法规底线、社会主义制度底线、国家利益底线、公民合法权益底线、社会公共秩序底线、道德风尚底线、信息真实性底线。

律,23%涉嫌勒索,18%涉嫌网上骚扰。

2009年,泰国曼谷一位股票交易员在互联网上散布泰国国王普密蓬—阿杜德健康状况的"不实谣言",引发国内股市大跌。曼谷刑事法院裁定,该交易员违反了泰国"计算机犯罪法",而且国王应该得到尊崇,"不应冒犯",最终判决该交易员四年监禁。

2011年8月,英国伦敦发生大规模骚乱并一度蔓延到全英7个城市,英国首相卡梅伦要求严惩肇事者,超过3 000人被拘捕,其中两名青年因在互联网上散布谣言、煽动骚乱而被判刑4年。

2012年9月,墨西哥中部墨西哥州尼萨市内一起司机争抢拉客事件被一些年轻人在社交网站上渲染成"黑帮杀手"的重大暴力犯罪"新闻",夸大其词的博文和照片被广泛转载,最终造成附近几十万居民惶恐不安,几百家商店临时歇业,数所学校被迫停课。墨西哥州联邦警察耗费大量人力物力缉拿肇事者,但由于该国互联网监管力度较低,最后只能不了了之,引发民众强烈不满。

那么,"微传播"中何以出现如此之多的"假新闻"呢?

首先,从"假新闻"的制造者的角度来说,为数不少的"假新闻"是人为炮制的。制造"假新闻"就是为了吸引大众的注意,赚取点击率,使自己很有成就感。除了满足自己的虚荣心外,前面提到的网络匿名性也是"假新闻"出现的原因之一。

其次,从传播者的角度来说,传播者大多有从众和猎奇的心理。如果一个信息新鲜有趣,传播者就会传播,以获得其他人的关注。有时传播者也会对所传播的信息产生怀疑,但是当大多数人都表示赞同或信任这条信息的时候,为了迎合大多数人的意见,传播者就会保持沉默。在大多数人无知、少数人沉默的状况中,"假新闻"就畅行无阻了。

再次,从传播媒介的角度来说,在如今的网络时代,只需运用复制粘贴的方法,就能将信息发布;微博更加简单,只需点击一个"转发"即可。如果别人对这条信息感兴趣，需分享或转发，就能轻松地将信息传递出去。[1]

其实，科技进步能否带来幸福，关键是看我们怎样运用。微博也是如此。如果我们捍卫真相、传播真相，恪守真实诚信的原则，它就能发挥优势，广开言路，在信息源流的丰沛和多元化中保障真相不被遮蔽，加强社会自我调节、自我完善的能力。否则，它就会演变成一个谎言漫天飞的泥潭，必然不能发展壮大。

2012 年 5 月 28 日，为了构建和谐、法治、健康的网络环境，维护新浪微博社区秩序，更好地保障用户合法权益，新浪微博与用户共同制定的《新浪微博社区公约（试行）》《新浪微博社区管理规定（试行）》《新浪微博社区委员会制度（试行）》开始实施。

《新浪微博公约》的出台具有里程碑意义，开启了网络舆论环境规范化的第一步。只有搭建一个健康的微博网络环境，才能有效地发挥舆论监督功能，有效地遏制网络暴力；微博这一新兴的舆论阵地才能更加健全，更有益于民声的表达，更有益于绿色网络的建设，更有益于社会的和谐发展。

“无规矩，不成方圆。”对于网络自由而言，你遵守了底线，你便有了自由；你不遵守底线，你就侵犯了别人的自由。因而，遵守网络底线是一项必需之举。任何的公共场合，都有必要的“规矩”，就如同公共场合不许吸烟、不能大声喧哗一样，网络空间也不能有越界之举。

那些坐拥众多粉丝的“大 V”（微博认证用户）首当其冲地要“循规蹈矩”。这些“大 V”又被称为“网络意见领袖”，一般是拥有众多“粉丝”的网络贵宾账户，在一定范围内充当着舆论引导者，起着风向标的作用，拥有广泛影响力，是“微时代”塑造出的一批具有极强话语传播力的偶像。

根据传播学上的“二级传播”假设，新闻事件不会直接作用于公众，而是由一些民间专家先行解读，形成价值判断，再传递给公众。网络舆论看

[1]郭妍妍.新闻失实现象分析——从雅安地震假新闻说起[J].传播技巧,2013(6)。

似亿万网民在发声，但核心环节是这些“意见领袖”在设置议程、掌握话语权。

根据推特(Twitter)的统计，2 万名精英用户，只占注册用户的 0.05%，却吸引了一半的注意力。中国的情形同样如此。有数据证明，目前在新浪和腾讯微博中，10 万以上粉丝的大 V 超过 1.9 万个，百万以上粉丝的大 V 超过 3 300 个，千万以上粉丝的大 V 超过 200 个。

根据新浪微博的统计，在看似复杂、多元的微博舆论场中，实际能操控微博舆论导向的仅是 300 余个微博“意见领袖”，他们的意见和倾向主导着微博舆论。赵薇诞下女儿后，只留了一个“哇”字，半小时之内吸引了超过 1 500 粉丝留言；韩寒第一条微博仅是个“喂”，立即评论上万，地震微博信息在 3 分钟时间内转发超过 220 条……

有人说，“微时代”是贩卖观点的时代。这些意见领袖中，一批所谓“公共知识分子”尤为引人关注。他们在对公共事件和社会热点的关注中，往往被网民视作公众诉求的代表，因而在网络世界享有颇高的社会声誉和威望。这些产生自网络世界的声誉和威望，也往往辐射到现实社会的生活中，带来各种社会关注度和衍生而来的经济效益。[1]

常言道“三人成虎”。原本小范围内流传的一条假消息，如果经大 V 们一转发，就会变得天下皆知，给社会带来极大的不利影响。于是，一些网络意见领袖在 2013 年 8 月以后成为了被重点警诫和批评的对象。这个在中国互联网上深具标志意义的新生群体，正面临着诞生四年来所未曾有过的挑战。互联网随之掀起一场“打谣”风潮，并引发连锁效应。

新华社刊发评论《谨防大 V 变大谣》，呼吁大 V 要“发出‘好声音’”，切勿“给谣言插上隐形的翅膀”。《求是》杂志子刊《红旗文稿》发表评论：“整治网络谣言必须出重拳，要敢于打‘老虎’、管网站。”《南方周末》在

---

[1] 刘阳，赵婀娜. 深聚焦 · 关注“微时代”的社会心态 4:“微时代”的张扬与喧嚣[N]. 人民日报，2013-08-22(17).

2013年9月12日的头版头条发表特稿《大V近黄昏?》。

其实,"大谣"也好,某些普通网民也罢,之所以敢有恃无恐地发布虚假信息,除了不正当利益的诱惑外,与法律规范的滞后有很大关系。目前,中国没有出台专门的信息法,对微博行为本身也没有专门的管理规范。很多网络活动只能参照其他非专门的法律法规来进行规制。加之微博使用者众多,且有不少匿名用户;所以,普遍存在法不责众的侥幸心理,网络伦理道德意识比较淡薄。

可喜的是,北京警方打掉网络推手公司、武汉警方查获特大网络造谣传谣团伙……2013年8月以来,公安部连续出重拳来治理网络谣言,彰显了执法部门维护网络秩序的决心。

纵观被打掉的几个涉嫌网络造谣传谣的团伙可以发现,他们无不是在经济利益的驱动之下,通过诋毁政府或他人的名誉来达到自己的目的。曾经制造和传播"铁道部巨额补偿外国游客""张海迪拥有日本国籍"等谣言的网络推手"秦火火"(本名秦志晖)被拘后向媒体表示,他在网上进行炒作的目的是要制造社会热点话题,引起大家对他的注意,通过快速增加人气,让自己的微博成为一个平台。"7·23甬温线特大铁路交通事故"发生后,"秦火火"发布微博造谣说意大利籍乘客获赔3 000万欧元。这条微博两小时内被转发上万次,造成了恶劣的社会影响。

净化网络空间,构建道德规范,既是网民权益的基础保障,也是"微传播"的重要基石。这需要微博用户和网络运营商强化"自律",提高道德意识,不造谣惑众、不以讹传讹,更需要政府管理部门从外部加强"他律"。

法律是最低的道德。没有相关法律的约束,道德观念就无法形成强烈的自律意识。因此,当务之急是,建立健全相应的法律规范,使微博用户和网络运营商的行为,以及受侵害者维权都有法可依。[1] 如此,"微传播"才能焕发出"微而不恶"的无边威力。

---

[1]徐娟.让法治成为规范微博伦理道德的基石[J].江淮法治,2013,9(1).